情緒有益

李兆康、區祥江 著

情緒有益
作者／李兆康　區祥江
策劃編輯／伍詠慈
責任編輯／尹麗明　史曉晴　羅詠恩
美術設計／陳詩韻
插圖／劉碧雲
出版發行／突破出版社
香港沙田亞公角山路33號突破青年村
電話：2632 0000　傳真：2632 0388
電郵：breakthrough@breakthrough.org.hk
網址：http://www.breakthrough.org.hk
http://www.btproduct.com
承印／海洋印務
2001年12月初版1刷
2009年6月初版8刷
2015年3月2版1刷
2018年4月2版2刷

Emotion Is Good For Life
by Simon Li & Raymond Au
First Printing, First Edition, December 2001
Eighth Printing, First Edition, June 2009
First Printing, Second Edition, March 2015
Second Printing, Second Edition, April 2018

Printed in Hong Kong
ISBN 978-988-8246-49-6

本書經文取自《新標點和合本》，版權為香港聖經公會所有，承蒙允准採用，特此鳴謝。
誠邀閣下就突破出版社的書籍發表意見
歡迎加入突破書籍 Facebook page — http://www.facebook.com/btbooks.page
本書採用環保油墨印刷

生 活 與 輔 導

關懷、連繫、復和、

溝通、對話……

凝視心之脈動，

直到重新尋獲自己的心。

目錄

釋放情緒五大能源

（一）羞恥感 —— 鑒察自我的放大鏡

（二）罪咎感 —— 真善美的嚮導

李序

近年的「心靈雞湯」和「情緒智商」(EQ)熱潮，正顯示人重視對自己內心世界的探索，而人內心世界的豐富與多姿多采，又與人的情緒有着不可分割的關係。

雖然如此，人卻不大肯正面面對自己內心的感受。許多人想到情緒，都容易有負面的聯想，如情緒困擾、情緒低落、鬧情緒等等。我們分別以「十個秘訣」和「五大能源」為本書的骨幹。「十個秘訣」一方面從正面的角度，幫助讀者對情緒有更深入的認識，另一方面透過我們多年的輔導經驗，與讀者分享一些實際可行的方法，使大家可以更善為處理自己的情緒，甚至更享受人生中與情緒共舞的豐富經驗。而在「五大能源」中，我們選取了經常困擾人的五項情緒 —— 羞恥感、罪咎感、恐懼、憤怒和哀傷，嘗試作深入的分析，和分享尋求出路的具體步驟，全書的筆觸深入淺出而又具高度實用性，盼能成為讀者身邊處理情緒的良伴。

區祥江先生和我這二人組合，因着各自不同的成長背景、不同的個性與才能，我們合著此書，產生了相輔相成、豐富的化學作用，實再一次印證生命的多姿多采。深願我們的分享，也帶給你對自己更深的了解和肯定，從而享受與情緒共舞的樂趣。

李兆康

2001 年 11 月

區序

情緒是造物主給人的一份禮物，給我們的生活增添不少色彩。但在我們成長的歷程中，情緒很多時候都視為不好，影響我們生活，是我們的敵人。因它不受歡迎，我們學會逃避它、收藏它，甚至打壓它，而這帶給我們的成長很大的障礙。

情緒是一個歷久常新的課題，本書得以再版或許是證明，還有不少人未能跟自己的情緒做一對好朋友。我們在「釋放情緒五大能源」中，特別選了一般人看為負面的情緒加以分析，說明這些情緒其實都對我們有益。希望新一代的年輕人能從書中的貼心和地道的例子，對情緒有更多和更準確的理解。另外，書中也有不少小練習，能幫忙讀者掌握處理情緒之道，最終能擁有一顆健康的心靈。

區祥江

2015 年 2 月 11 日

共舞情緒
十大秘訣

有人說，

對抗自己的情緒是人生最大爭戰之一，

逃避情緒就是逃避生命。

若能夠安然地體驗各種情緒，

與它們和諧共處，生命就更多姿多采了。

秘訣(一)

欣賞情緒人生

你若容許內心各樣情緒自然流露，

你的人生必定更燦爛。

情緒好比保安信號

今天是小冰畢業後第一天上班，她一方面懷着興奮的心情迎接人生的新一頁，另一方面又有點戰戰兢兢，畢竟那是一個她完全不熟悉的環境。她踏進公司，頭一個碰到的人是負責清潔的阿嬸，她邊打掃邊埋怨同事弄得滿地紙屑，可能心情不佳，看到小冰也沒有打招呼。小冰登時起了戒懼，自忖日後必須小心，免得得罪這位似乎不太友善的阿嬸。

情緒好比我們生活中的保安信號。一旦身邊的人或事威脅我們的身心，內心便會發出相應的警告信號，使我們可以及時採取適當的應變措施來保護自己。

我們若遇到危險的情況，內心便會感到恐懼，這好比一種信號驅使我們迴避或抵抗外來的侵害。假若別人刺傷了我們的自尊，內心便會先感到翳悶，然後變為憤怒，使我們知道要尋求舒緩。又假如我們不慎有錯失，內心便會感到內疚與自責，驅使我們改過和為自己的行為作出補償。

當然，這保安信號也有「失靈」的時候。它可能會反應過敏，小小刺激便警號大鳴；又或者對危險或錯失漸趨麻木，毫無反應。若出現這種情況，必定是保安信號出現了問題。所以，我們必須定期檢查和維修，經常自我反省，校正自己的思想和價值觀念，甚至以另一角度看待所遇的事情，或設身處地從對方的處境去理解事件背後的原因，藉此調校自己的心態和回應方式。好像信號系統的誤差重新校正，才不致產生情緒上的過敏反應。

常見的情緒與信號

情緒	可能的信號	自我反省
焦慮	我的安全感正受到威脅。	是何人何事構成這威脅?我對事件是否已有全面的了解?
煩躁	事情來得混亂,並非我能掌控。	可以拒絕、定優次或延遲一些行動嗎?我願意向有關人士表達和求助嗎?
沮喪	我對自己或別人的表現感到不滿或遇上挫敗。	分清自己和別人的責任,尋求可改進或躲開的辦法。
內疚	我可能有錯失或傷害了別人。	我願意承擔責任,尋求改進或別人的原諒嗎?
怨恨	我恨別人傷害了我。	對方是蓄意傷害我,抑或是無心之失?若心懷報復,就是自己繼續傷害自己了。
哀傷	我失去了自己重視的人或事物。	以懷念和感激代替持續的哀傷和失落;告訴自己我仍可以活下去。
消沉	我自覺無能為力,以消極、逃避的態度來宣示不滿。	無能為力可能只是主觀的感覺,並非真的沒有出路;最好的辦法是找人談談。

情緒好比發電能源

阿 Ling 與阿 Joe 是好朋友，學業成績也不錯，但面臨公開考試的挑戰，兩人的反應卻是天淵之別。阿 Ling 早為自己定下了溫習計劃，力求平穩盡力，不太執著成果，取得中上的成績應不成問題。因此，她能保持輕鬆愉快的心情，精力充沛，除了溫習外，仍維持往常的運動和休閒活動。

相反地，阿 Joe 卻經常為考試擔心，唯恐稍有失誤便白費多年的努力。所以，他差不多取消了所有的休閒活動，把時間都用在溫習上。身邊的朋友看到他總是愁眉深鎖、不苟言笑和情緒低落。事實上，他愈努力溫習，溫習的效果卻愈不顯著。

曾有作者將人的情緒分為兩大類，分別是可產生動力的情緒（energizing feelings）和消耗心力的情緒（energy-draining feelings）。

可產生動力的情緒，包括有力、勝任、勇敢、自信、愉快、熱切、讚歎、同情、安穩、被愛、關懷、感激、釋放等等。

消耗心力的情緒，包括憤怒、怨恨、急躁、不滿、憂鬱、痛苦、被拒、失意、焦慮、恐懼、妒忌、羞愧、內疚、被欺壓、貪婪等等。

假如我們的情感生活是一部發電機，可產生動力的情緒便是當中源源不絕的能源，用以推動各種活動，使我們過着積極、進取和有貢獻的生活。相反地，消耗心力的情緒，就像在輸電系統中流失了能源，將寶貴的能源虛耗，換來的是消極、低沉的生活形態。

上述兩位同學面對公開考試壓力的迥異表現，正與這說法不謀而合。阿 Ling 充滿了自信、勝任、釋放等動力的情緒，而阿 Joe 則擔憂、焦慮和懷疑自己的能力。所以，阿 Ling 的表現自然比阿 Joe 的強。

我的情緒

請列出過去一星期，你曾經歷哪些動力情緒和消耗性情緒。若你的動力情緒數目遠超過消耗性情緒，你一定度過了一個充滿活力的星期。

星期日	
星期一	
星期二	
星期三	
星期四	
星期五	
星期六	

情緒好比七彩毛線

在我所接觸的朋友中，有以憂鬱小生、憤怒青年、老頑童、小公主、小皇帝等形態出現的人，他們往往被某一兩種情緒主導了他們的行為，以致給人一種形象鮮明的感覺。

有人形容每個人的內心世界就好像一塊毯子，視乎主人喜歡多用哪一種顏色的毛線去編織。若他偏用灰黑色的毛線，織成的毯子會一片黯淡；若他單用白色，毯子則會呈現一片空白；若他讓各種顏色的毛線互相交織，就會成為一幅色彩繽紛的彩毯。你若容許內心各樣情緒自然流露，不埋藏或壓制它，人生必定更燦爛。

我懂得欣賞情緒嗎？

你是傾向欣賞情緒還是抗拒情緒？請以✔或✘表示你的看法，分別將兩欄✔的數目加起來，便找到你對情緒的傾向了。

抗拒情緒型	欣賞情緒型
○情緒是弱點的象徵	○情緒是強項的象徵
○情緒不可以在工作中佔一位置	○情緒在工作中是不可或缺的
○情緒帶來混亂	○情緒助我們認清事情
○人要逃避情緒	○人要歡迎情緒
○經常關注別人的想法	○經常聆聽別人情緒背後的說話
○常用非情緒（non-emotional）的字眼	○常用情緒的字眼
○情緒擾亂好的判斷	○情緒有助作好的判斷
○情緒令我們分心	○情緒鼓勵我們
○情緒是脆弱的表現	○情緒是「真」的表現

○情緒令思想緩慢	○情緒加速思想的速度
○情緒妨礙事情	○情緒建立信仰和維繫關係
○情緒削弱我們固有的態度	○情緒引發我們培養道德價值
○情緒阻礙客觀資訊的傳遞	○情緒提供重要的資訊
○情緒使行政工作變得複雜	○情緒帶來創意和創新
○情緒損壞權威	○情緒帶來影響力

秘訣（二）

不要收藏感覺

收藏感覺的人，

在感情上容易變得與人完全隔絕，

只維持表面膚淺的應酬或交往，

他的內心也會容易陷入長期的消沉。

埋葬痛苦經歷的人

阿敏表面是一個文靜、溫柔和略帶羞怯的少女，但若稍加留意，不難看到她間中皺眉頭，流露一股重重的愁緒。她經常感到生活乏味，沒有深交的朋友（她的想法是很少人會喜歡和她做朋友），不知道怎樣可以令生活更開心。後來她約見了心理輔導員，在約談的時候，除了間中默然下淚，訴說沒有人關心她外，就說不出個所以然來。從她的表現，似乎內心深藏着一段痛苦的經歷，一旦被觸動，就會產生極「痛」的感覺。

在多次約談後，阿敏對輔導員的信任增加了。終於在一次懇談中，她邊哭邊道出幼年被後父姦污的痛苦經歷，那時候的羞憤、無助、被踐踏等感覺一下子都湧出來。當年母親不問因由便責怪她，對後父的可恥行為又不予正視，更加重了她的委屈和憤怒。她一方面覺得自己是受害人，另一方面又懷疑自己也應負上責任，於是又添上了內疚。阿敏在哭訴時內心好像火山爆發一樣，複雜的情緒霎時間全部爆發出來，她足足痛哭了大半個小時。原來這就是她日常表現抑鬱和沉默的原因。試問心靈長期背負着沉重創傷的人，怎能夠歡天喜地呢？

人經歷創傷後，會像阿敏一樣，把那些經歷所帶來的痛苦情緒抑壓下去。表面雖然平靜，但被埋在深處澎湃的感受卻像睡火山一樣，隨時爆發，甚至有些情況是，當事人為免激發內心的痛苦，把受創的經歷完全摒除於記憶之外。我們周圍有不少類似的例子，只是受創的程度不一樣。一般人都避免提及自己失戀、失敗、摯愛逝亡、父母離異或其他「瘀事」，寧願眼淚在心裏流，也不要給人一個容易受傷的女（男）人的印象。

把痛苦經歷所帶來的情緒埋葬，是出於人的自我保護本能。在極度痛苦中，要是力量不足以面對或了解痛苦（像阿敏在幼年時），這的確是自救之道。可是，我們並不能真的完全逃離這些情緒，因為它們會長期藏在內心深處，影響着我們的成長，削弱我們面對困難和逆境的能力，更使我們在人際關係上流於消極、冷漠、自卑和自憐。

其實，每個成年人都有足夠的能力處理積壓的情緒，所需要的是像阿敏那一股勇氣。受情緒積壓的心靈，好像淤塞的管子，需要透過傾訴和宣洩（ventilation），使窒礙得到疏導，心靈才能夠重新恢復通暢。

要做到充分的傾訴和宣洩，當事人必須有足夠的心理準備，不能勉強。若要宣洩壓抑的感情，就需重新進到那傷痛的回憶中，觸動內心那仍未癒合的傷口，當中必然會經歷「痛楚」，而許多人正正因為怕「痛」而寧願將它埋藏。這時最好身邊有一位良好的聆聽者，以同感、關懷、忍耐和體恤來回應他的傾訴，使他覺得被了解和接納。若沒有適合的傾訴對象，約見輔導員也是極好的選擇。不少人在傾訴過後心情都能平復下來，加上聆聽者予以適當的安慰和開導，積存心內的情緒便逐漸平靜，不再成為困擾，並且邁向心靈的康復之路。

發掘埋葬了的感受

- 首先，你是否常有情緒緊張或內心不安，而又不能完全解釋原因的情況？這不安的感覺多在什麼情況下出現？是與某類人士接觸，或在某種處境下？
- 這樣的情況是否類似你以前某次深刻的經歷？你可以閉上眼睛，回憶當時的遭遇。
- 嘗試心內重溫當時的情景，特別留意自己當前的情緒，儘管那可能會帶給你十分「痛」的感覺。這種「痛」的感覺，可能正是你昔日經歷那事件時未能表達，一直壓抑在心底的傷痛情緒。
- 在這時候，你內心可能一下子浮現連串澎湃混亂的情緒，令你既痛且怕，請不要害怕，試試整理一下，甚至用筆記錄下來。若你有信任的好友或輔導員在身邊，可充分將這些鬱結的情緒抒發出來。
- 發掘和宣洩積壓的情緒一定會帶來不舒服，但這是邁向創傷得着治療的第一步，毋怪有人說 no pain, no gain，即是「沒有痛苦，就沒有收穫」。情緒宣洩後怎樣才可以重拾自由與釋放？恕在這裏賣個關子，在後面秘訣（七）再作交代。

隱藏感情的人

阿美與阿傑拍拖不足兩個月，就下了這個結論：阿傑無論在什麼事情上，都很少表達或流露自己的感受，彷彿是一個沒有情緒的人。他可以與她討論很多問題，分析十分透徹，就是從不表達自己的情緒，更遑論了解阿美的感受。

後來，阿美有機會了解阿傑的家庭背景。原來阿傑生於一個人際關係頗惡劣的家庭，父母經常爭吵，兄弟姊妹從小乏人照顧，大都養成自己照顧自己的習慣，少與家人溝通。因父母關係不佳，家人不擅溝通；大家都有一種觀念，若將心裏的感受表達出來，不是導致衝突便是引致被忽視、遭受批評或嘲笑，以致阿傑從小養成掩飾和隱藏自己感情的個性，而這個性與阿美交往中顯露無遺。

人人都有情緒，不過因着成長經歷的影響，表達的方式有所不同。阿傑一向缺乏鼓勵去流露感情，以致內心覺得不安全，以後為了保護自己不受攻擊和取笑而將感情隱藏起來，愈

久愈深，旁人覺得他好像沒有情緒一樣。其實，這樣的人內心非常痛苦，非常矛盾，經常活在恐懼中，一方面極需要別人的愛與接納，另一方面又害怕別人不接納他內心那自認為是軟弱的情緒。他若要回復真我，就必須鼓起勇氣去重新探索和面對這些情緒，因為不管他接受與否，這些情緒早已是他的一部分。

我的成長經驗

請以 ✔ 或 ✘ 表示你的成長經驗。

○ 我的家人相處融洽，樂於溝通。

○ 每天吃飯時，我們都習慣高談闊論。

○ 我的父母很樂意聆聽我的表白。

○ 我做錯事，父母習慣提醒多於責罵。

○ 我的家人很少互相挑剔、嘲諷和攻擊。

○ 我的父母常用言語表達感受和情意。

○ 我在成長的歷程中，沒有經歷過嚴重的心靈創傷。

○ 我很少被別人長期欺侮。

○ 當我有負面的情緒時，極少被責難。

若你的答案大部分為 ✔ 的話，恭喜你，你大概是一位樂觀和善於流露情感的人。若你的答案大多為 ✘ 的話，那你很可能傾向於壓抑自己的情緒了。這本書正是為你而寫的。

給情緒定好壞的人

說回阿美與阿傑兩人。相對來說，阿美的父母從小就強調大家要開開心心，特別是每天一家人吃晚飯的時候，不容有人拉長面孔，否則一定被痛罵。日積月累，一家人便習慣了隱藏自己的不快情緒，就算極度難過，也只是躲在洗手間或大被蒙頭飲泣一番，連對父母也隻字不提。因此，她雖然對阿傑的情況有所不滿，卻不敢與他正面討論，深怕阿傑不能接受而失去這段感情。

類似的例子數之不盡，皆因人習慣將情緒分為好與壞，並讓之成為心理上的重擔。我較同意情緒本身是中性的，若一定要分類，可如前述分為產生動力的情緒和消耗心力的情緒兩種：前者包括一切令人好受的情緒，如快樂、興奮、被愛、自由、釋放等；後者則包括令人難受的情緒，如憤怒、妒忌、怨恨、憂傷、羞愧、內疚等。

許多人從孩童時代已被身邊的人(包括父母、師長和同儕)的說話和態度所影響。若他們單是歡笑和合作時才被接納,哭泣或發脾氣時則遭捱罵,便會形成一股潛移默化的力量,使他們相信「識做人」就等於隱藏不討好的情緒,這樣情緒便給定了好壞之別。

本港兒童及青少年自殺個案上升,令家長、教師與社會人士束手無策。大部分斷然以自殺結束生命的少年人,多數都是長期壓抑「壞」情緒,就像埋了一個計時炸彈,一旦導火線被點燃就會釀成災禍。所以,平日要鼓勵身邊的青少年表達那些「壞」情緒,表示樂意聆聽他們難以啟齒的感受,如焦慮、挫敗、羞恥、內疚等。若他們平日常有疏導情緒的機會,少許的精神壓力,如成績欠佳或感情遇到挫折等,就不會成為致命傷,導致悲劇發生。

如何表達「壞」情緒

雖然情緒不應分好與壞，但若不適當地表達「壞」情緒，不單會令別人不安甚至受傷害，而且更容易成為放任自己情緒的「壞孩子」，下面是一些表達「壞」情緒的錦囊：

- 用言語來表達自己的不高興（如，「你……令我感到不高興。」）較純粹用發洩的行為如打罵、擲物、羞辱、攻擊等方法更為有效，而且不會引發對方相應的「回敬」。
- 要為這「壞」情緒負責任的人是你自己，而非對方，不論對方是有意或無意令你不快，最終也是在於你採取什麼態度去面對。若對方是無心之失，你要體諒與接納；就算對方存心觸怒你，你仍可選擇一笑置之，不與他一般見識。
- 忍耐有時是避免過分衝動的唯一方法，使你有空間讓情緒平復，避免衝動反應，作出令自己後悔的事情，而找人傾訴有時是忍耐中最佳的出路。

秘訣（三）

拒絕特定角色期望

唯有打破偏見，

男和女才能夠自由表達任何一種情緒。

不敢哭泣的男孩子

回想童年時代，我是個較易哭的男孩。每當受了委屈，遇到恐懼或尷尬的事情，我都會哭起來，被母親責打時哭得更厲害。記得五、六歲時，有一次到親戚家吃飯，一整桌十多個成年人，要逐一打招呼才可吃飯。我跟一半的長輩打招呼後，已被那嚴肅的氣氛弄得哭了起來。還好一位長輩了解我的苦衷，主動讓我和一個小女孩去另一張小桌用飯，當時心中真感激她那份體貼。

當然並非人人都像那位長輩一樣體恤，在往後的成長中，經常聽到這樣的話：「男孩子怎麼這樣容易哭！」「男孩子嘛，別像女孩子那麼脆弱吧！」「哭什麼，一點都不像男孩子！」記憶中，我從未見過父親哭。

相反地，女孩子哭時，成年人大多又哄又抱，似乎很接納她們的情緒。在這樣的環境中長大，女孩子就較容易表達情緒，因為沒有受到太多的約束，加上從母親和同輩女孩子身上，看到不少情緒的表達，難怪女性在表達和處理情緒方面一般都比男性強。

正是受了這種挫折，少年時代的我，一方面天生就感情豐富，另一方面卻要極力迫使自己像個男孩子，收藏自己的情緒，以致形成較內向、害羞和怯懦的性格。成年後花了不少努力才衝出這個桎梏。相信不少男性也曾經歷類似的掙扎，在缺乏榜樣和肯定的情況下，往往被牽引朝着前人傳統的定型（stereotype）鑽，壓抑了本身情緒的正常表達和發展。

不懂憤怒的女孩子

前文所說的阿敏，童年時被後父姦污。當她講述當時的感受時，起初只能表達恐懼、羞恥與無助。表面上，她只是長期陷於受害者的憂鬱情緒中，至於因後父的惡行和對母親怨懟所產生的憤怒情緒，在她身上似乎不大明顯。在往後的輔導過程中，輔導員經過多番努力，才幫助她勇敢地將這股久被壓抑的怒氣表達出來，她的心情也因而輕省許多。消除了這個沉重的擔子後，她才真正踏上心靈得醫治與成長之路。

女性對情緒的表達和敏感度較男性為高，主要是社會對女性表達情緒多予接納和肯定，並且當女性表達情緒時，多會獲得呵護和關注，少受責備。對一般女性來說，要表達情緒並不困難，而且她們普遍比男性表達得更清晰細緻。然而，女性也不是善於表達任何情緒的，憤怒便是其中一種較難表達的情緒。

女性大多不善於表達憤怒，究其原因，可能是社會文化通常強調女性溫柔婉順的一面。女人若表達怒氣，就會被視為粗魯和巴辣，不被欣賞。況且，女性若表現得楚楚可憐，容易受到男性的呵護和安慰，自己大大得益之餘，又可以滿足男性護花的意欲。

反之，男性要表達憤怒似乎困難不大，初則口角繼而動武的事件，不是常發生在男性之間嗎？這就是人對男女角色存有偏見的結果。唯有打破這些偏見，男和女才能夠自由表達任何一種情緒。

作硬漢的代價

「我的要求不算高,最重要的是他疼愛我、脾氣好、有責任感。最好他的學歷比我高,性格比我強,能給我安全感……」這是一個少女對未來男友的期望,驟耳聽來,似是人之常情,一點也不算苛求。然而,若細心體會字裏行間的信息,不難反映她希望對方是一個比自己較強的人,以致她可以感到安全。這其實也反映了社會一般對男性角色的期望,希望他們扮演強者和保護者的角色。

儘管時代不斷演變,今日女性在社會地位和個人能力發揮上已不亞於男性,然而,她們心中對男性往往仍帶着傳統角色的期望。一個已婚女性若全職在家照顧子女,一般容易被人接納,絕不會惹起別人微言;相反,倘若一個丈夫全職在家弄兒為樂,讓太太成為經濟支柱,不單不被別人接受,甚至連太太也不知有何感想。似乎男性那硬漢、保護者、經濟支柱的角色是做定的,難怪奇連伊士活(Clint Eastwood)這位已垂垂老去的「硬漢」依然受人歡迎。

由於這種社會上的期望，男性不管自己內心深處是否喜歡，從小就努力不懈地實踐這個被期望的角色，從而確定自己的男性性別，而這種角色扮演又總叫他們付上一定的代價。

強者的形象要求他們不斷催逼自己有競爭感和鬥志，事事以成功為目標。若他們不懂適可而止，便會變得以事務為中心(task-oriented)，甚至不惜犧牲別人來換取成功，視別人為他們向上爬的階梯。

由於硬漢終日奔波勞碌，心理壓力引致的身體、情緒和行為問題便接踵而來，胃病、心臟病、頭痛和失眠是男性行政人員常有的職業病。由於心理壓力沉重，他們在日常生活中很容易沉溺於煙、酒、賭博等「刺激」活動，藉以減低壓力。另外，這等人不管在工作上如何精明，在處理家庭關係上卻一敗塗地，家人往往成為發洩情緒的出氣筒。表面上他是硬漢，實際上卻是四面楚歌。

作為硬漢自然不能在人前暴露自己的弱點。雖不致有打落門牙和血吞的氣概，但總不免習慣隱藏自己的弱點，壓抑內心的情緒，在社交上與人（尤其是他心目中的競爭對手）保持一定的距離。在他們過分競爭和自我保護的外殼下，其實充滿孤單和恐懼，人際關係也一定出現問題。

你願意為充硬漢而付上這些代價嗎？我認為能以自己的本相與人交往，看自己合乎中道，為自己的長處而高興，接受自己的弱點和限制，自由釋放地讓別人認識你，那才是真的漢子。

我對男女性別有沒有特定的期望？

其實，我們從小到大，透過別人的影響和主觀的經驗，都會對男女角色形成特定的觀念或期望，下面是一個小測驗，你只須回答 ✔ 或 ✘ 便可：

○ 男人必須成為家庭主要的經濟支柱。

○ 照顧幼兒是妻子的天職和首要任務。

○ 男人應多遷就女人以表達對她的愛。

○ 男人比女人誠實，女人常常口是心非。

○ 男人比女人堅強，能承受更大的生活壓力。

○ 女人因口齒伶俐，與男人爭吵常佔上風。

○ 男人聚首多喜歡談論女人。

○ 女人面對緊急狀況，多會驚惶失措。

○ 女人比較心思慎密，比男人更善於處理複雜的問題。

○ 太太比較瞭解丈夫。

上面問題的答案，全部都是否定（即 ✘）的。若你所選的答案大部分是肯定（即 ✔）的話，可能表示你對男女角色持有太多特定的觀念，且與真實情況不符。這種態度可能會影響你對自己或別人情緒的反應。

拆解性別角色的誤解

- 男人是家庭主要的經濟支柱，是傳統家庭的模式；現代夫妻的教育與就業機會趨於均等，比較傾向分擔模式。事實上，現在有不少妻子的收入高於丈夫。
- 愈來愈多研究顯示，由父親照顧年幼子女同樣重要，這對子女的成長有不可低估的貢獻。
- 在男女的交往中，彼此了解、尊重和互相體諒照顧才是相處之道。
- 女人的口是心非，可能是她們多用較間接和迂迴的方式表達自己的需要，但事實卻是男人較多為了面子、自尊等而說謊。
- 男人不善於處理內心的情緒，多傾向壓抑，故承受的心理壓力較多，較易形成精神病患。
- 有研究顯示在夫婦爭吵中，聲音大而說話多的一方通常都佔上風，但不一定是女方。
- 男人最感興趣的話題一般是事業、金錢，其次才是女人。
- 女人在日常小事上容易拿不定主意，但在危急關頭，她們很少像男人般先分析形勢才行動，反會憑直覺果斷地反應。

- 女人處事的確較重細節，但遇上複雜的難題，需要系統思維，男性反而較佔優勢。
- 曾有研究顯示丈夫比較了解太太的性格和她們在特定情況下的反應，可能由於女性較多了解和表達自己內心世界，以致丈夫較容易明白她們。

秘訣(四)

善待脆弱的心靈

每個人都有心靈脆弱的一面，

需要彼此小心保護。

順情緒行事就是「真」嗎？

多年前有一宗電梯情殺案，案中的兩男一女原是要好的同學。由於兩位男同學先後愛上了同一位女同學，而形成三角戀。那先愛上女方的一位自然產生嫉妒、怨憤、自尊受創等情緒，而他沒有嘗試客觀地評估女方不喜歡他的原因，更沒有找人傾訴以尋求出路，反而讓這些情緒化為對另一方的極度怨恨，繼而產生報復心理。就這樣，那些偏差的思想在內心孕育至不能克制時，終於導致一場不能挽回的悲劇。

情緒雖然沒有好壞之分，但往往受着自己的判斷能力或外來因素影響而產生偏差，有時更與事實的真相脫節。儘管內心的情緒是真實的，但若像時下一些現代人那種想做就去做或以"If I feel good, it couldn't be wrong."（只要我感覺良好，那一定錯不了）的態度行事，終必令自己和別人都尷尬或受傷。

不少人與人之間的傷害，都是由於未能適當地控制和處理情緒所致。不論是那被氣得對子女杖棒齊揮的父母、那因口舌之爭而毆打對方的血氣青年，或那因下屬有錯失而大發雷霆的上司，他們都必須在肯定和尊重自己與別人情緒的同時，先對那些情緒予以過濾，不以順情緒行事就是「真」這錯誤觀念來發洩自己的情緒。

講真感受就是「真」嗎？

若你的上司坦白表示，他對你所做的報告是如何失望；若你的女友在熱吻後坦白告訴你，你的口氣令她作嘔；若你的母親坦白說，你比不上其他兄弟姊妹；若做丈夫的坦白告訴太太，她的鼻子很醜……相信你不難想像後果吧。

了解情緒固然不容易，如何表達更要加倍留神。或許你以為若別人表達對你的真感受，你一定可以接受。然而，我要告訴你，若你聽到他們對你的真感受，你可能會難過得要命……我們一方面希望待人以誠，但另一方面又要明白每個人都有心靈脆弱的一面，需要彼此小心保護（handle with care），以免傷害了對方。

我們要明白每個人都努力學習認識和接納自己，特別是自己那些不太完美的地方，沒有一個人的自信心與自我接納是完全滿分的。因此，如俗語說「崩口人忌崩口碗」，每個人內心都有某些顧忌不容受到傷害。正因為這樣，當我們要表達內心的感受時，需要為他人設想，凡事留有餘地；特別是針對別人的敏感範圍時，更需溫柔婉轉，甚至有所保留，不能完全盡訴心中情。這不是虛偽，反而是負責任的表達情緒之道。一般來說，能鼓勵人和建立人的情緒如欣賞、感激、關懷、贊同等，應多表達；容易傷害人的情緒如厭惡、失望、怨怒等，不是人人都可以照單全收，宜有所保留。

若說了解情緒是一門高深的學問，那麼，恰當地表達情緒更是一門藝術。假若你能持之以恒地學習敏銳別人和自己的情緒，在日後的人際交往中，說不定情緒可以成為一種催化劑，加速你認識別人和自己呢。

真的錦囊

如何辨別以「真」為藉口，實為不負責任的行為？

- 「真」包含對自己誠實，須分辨表達真感受的真正動機：是要促進與對方的關係？是要發洩對對方的不滿？是要以攻擊來滿足自己積壓的苦澀？只要我們捫心自問，不難分辨自己的動機是否正確。
- 「坦誠」表示我們所表達的是真誠和與事實符合，並非說事事都要表達。有時候，在表達上留有餘地，甚至選擇不提，其實是待人最基本的修養呢！

秘訣（五）

努力耕耘情緒資質

在適當的環境，運用適當的方法，

表達適度的情緒。

情緒資質的鐵三角

正文：沈淑文　　個案：馬妙如

同事們都在恭賀Tony，大家鬧着要為Tony慶祝，高興一番。冷不提防Kelvin突然向Tony揮來一拳，重重的把他打得臉腫眼紅，嘴角更滲出血絲。同事們都很驚慌，即時撲向Kelvin，努力把他制伏下來。

Kelvin的個子很高，力氣也相當大，要三個大漢才能把他制伏。他仍然氣憤地罵道：「我不甘心！我的廣告設計明明比較出色，學歷比較高，年資也比較長！為什麼升職的是你，而不是我？不公平！我要上訴！我不服氣！」

一片混亂中，經理喝止Kelvin，並把Tony與Kelvin召進他的辦公室，Kelvin的眼神仍然充滿着憤恨。

經理請他倆坐下，向他們說：「Kelvin，你的廣告設計的確很出色，富創意，很多顧客都相當滿意，但我觀察到你與同事合作時經常有糾紛。幾個月前我刻意安排兩個新人跟你學習，可是，你的脾氣暴躁，甚至不留情面地當眾責罵他們。」

Kelvin的心往下一沉。

「同事們一聽到要跟你合作，都非常為難，十分恐懼，難道你沒有觀察到？

「反之，Tony 年資雖比較短，廣告設計也不及你的出色，但他為人和藹可親，對同事下屬體恤諒解，又肯悉心教導後輩。遇到顧客刁難，又能平心靜氣慢慢解說，顧客與同事跟他合作都非常愉快。」

最後，經理問 Kelvin：「我若要從中選一個當領導，帶領整個隊工，你說我會選哪一個？」

屋內傳來打字的聲音。

Sammy 拖着疲倦的身軀回來，感到非常煩厭：「太太又在工作了！」他解開領帶，脱掉衣服，便躺在沙發上，閉上眼睛，幾乎睡着了。

Joyce 仍埋頭苦幹地工作，頭也沒抬就說：「Sammy，明天下午媽媽與姨母說要來探訪。我明早還要上班，屋子很亂，你負責收拾。」

Sammy 累得眼睛也沒睜開：「我明天早上也要開會。」

Joyce 急躁地說：「那怎辦？你現在收拾吧！」

Sammy 整個人從沙發上彈起來，氣得頭頂冒煙，說：「現在？你有沒有弄錯？你不知道我累得要命嗎？晚飯還沒吃呀！你一直都是只顧自己的工作，從來不理會我。」

Joyce 聽到好一句「從來不理會我」，便無名火起，聲線立刻高八度，說：「你又何曾理會我？我工作壓力大，經理、同事都說我是聰明女，又能幹，十分看重我，其實我也很辛苦。」這樣一說，Joyce 的眼淚便如潮水般湧流出來，最後泣不成聲。

Sammy 憤怒仍未平息，更感到 Joyce 在埋怨，不懂得如何處理，便說：「我很煩，不想跟你吵架。結婚兩年，幾乎每天都在吵架，你不感到煩厭，我也感到煩厭！」

Joyce 更加激憤，感到 Sammy 將一切責任推卸在她身上，說：「是我要吵架！是我不對！是我煩！既然不喜歡跟我在一起，那你走吧！」

Sammy 認為 Joyce 無理取鬧，氣憤起來，便拿起外套，開門就走。

「嘭」的一聲把 Joyce 關在一屋子的哭泣、孤單和傷痛中。

Kelvin、Joyce 和 Sammy 都是相當有智慧（intelligent）與聰明（smart）的。可是，為什麼他們會這樣不理智？很明顯學業方面的智慧（academic intelligence）跟一個人的情緒生活（emotional life）是兩回事。

如 Kelvin 能察覺自己脾氣暴躁，又能加以自我約制（self-control），設身處地以同理心（empathy）對待同事和下屬，升職的會不會是他？

難怪心理學家說："IQ gets you hired, but EQ gets you promoted."（IQ 有助你受聘，但 EQ 有助你晉升。）

至於 Joyce 與 Sammy，他們的婚姻弄得那麼不愉快，雖然背後有很多因素，但他們若能自我省察，明白大家都落在百般的工作壓力下，渴望得到對方的支持與關懷，而又能自我約制憤怒的情緒，嘗試明白對方的感受，他們會這樣痛苦嗎？

一切不是從 IQ 開始

原來一切並不是從 IQ 開始。

問題是 —— 究竟何種理性或心靈的質素、怎樣的才智潛能，可以叫人出人頭地，並贏得一致讚賞？

處理情緒、社交等能力的重要性並非近年才引起心理學界的關注。會算術、會推理、會書寫、記憶力強……這些一直在各項標準測試及公開考試中被高舉的智慧，在加德納（Howard Gardner）備受廣泛肯定的「多元智能」（Multiple Intelligences）的概念下，大概只佔其七分一的位置，而其他方面的個性（characters）卻有嶄露頭角的趨勢。

一般相信情緒方面的資質（emotional aptitude）是一項具凌駕性的傾向，影響我們運用其他知識、技能、經驗的能力。然而，要替情緒資質下一個定義或確立一定範疇絕非易事。情緒既不能量化，其面貌亦變化多端，甚至隱晦難辨，再要結合資質這元素就更難以定論。筆者大膽嘗試從耶魯大學的心理學家丹尼爾高曼（Daniel Goleman）的 *Emotional Intelligence*（《EQ》）一書的啟示中，歸納以下一個鐵三角關係：

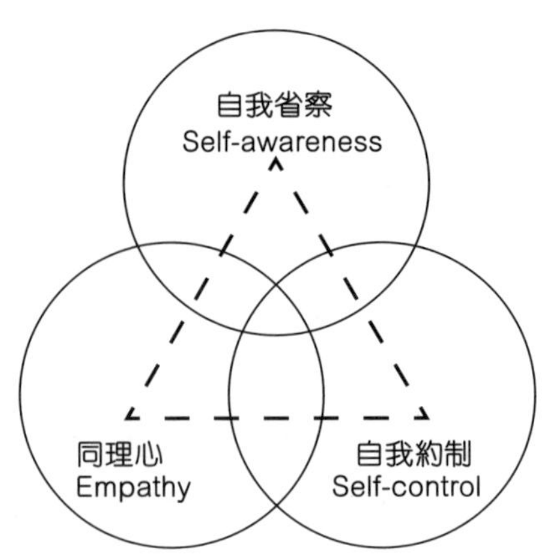

自我省察的能力

要掌握情緒資質，起始點是一份自省能力。「認識自己」(Know Thyself) 是千年前希臘阿波羅神殿上銘刻的第一句話，可見這沒甚新意的老調蘊含着絕不簡單的智慧。自我省察是指不間斷地自我觀察、內省（有心理學家稱之為 observing ego），了解自己的心理狀態，認識自己的情緒，所謂 "being smart about what we feel"。

美國一些情緒學校訓練孩童從小認識自己的情緒，每天點名時學生均以一至十來回答老師：「十」表示很如意、很開心；「一」則是十分沮喪。他們教導學生去感受並學習表達個人情緒，使之成為生活的一部分，就像每天要呼吸、進食一般，是自然不過的事。

自我省察本身並不能安撫情緒，也並非絕不去想不開心的事，但省察至少開啟了表達並願意適當處理情緒的可能性 —— 當你某天在公司悶悶不樂，間中說話尖酸刻薄，感到同事開始避開你，卻能夠慢慢體察自己的情緒原來是惱怒。惱你的上司在會議中表揚了你的同級同事，唯獨沒有你的份兒 —— 這時候你當然可以選擇繼續惱怒下去，愈想愈氣，繼續間接發怨言；你也可以直接但婉轉地向上司表達你的感受，又或者放下心中的委屈，找朋友訴訴苦，深信明天又是一條好漢！

許多時候，情緒的打擾總教我們措手不及，因為熱血沸騰、腎上腺激素上升等生理反應總是比思想來得快，但容讓這等情緒逗留多久，卻是我們可以決定的。

體察別人的能力

靖文氣沖沖地從老細的房間跑出來，心中嘀咕着：「她不要求其他同事申請病假需附上醫生證明書，唯獨要求我，她分明是針對我。」靖文感到不被信任，那份不忿在向某同事宣洩後更嚴重，於是決定據理力爭，老細亦沒有堅持。返回座位後，想起新老細上任才一個多月，彼此關係一直良好，最近接二連三有人請病假，公司的規矩是要附醫生證明書的，要是老細的老細怪責起來，她實難交待啊！一件小事，何需扯到「信任」、「針對」那麼遠呢？靖文的心情平復了許多，想起剛才老細為難的樣子，於是決定為自己剛才的衝動說句對不起！

能夠體會他人的心情與處境，學習從別人的觀點與角度出發，竟有着改變某些情緒的能力，這就是同理心的威力（the power of empathetic understanding）。

筆者舉憤怒為例，是有感於憤怒較哀傷、內疚等情緒更具爆炸力，因為其中往往牽涉被傷害、侵犯、不公平對待、自尊受威脅等處境，攪動着你的內心並引起反擊的傾向。一般人以為處理憤怒的方法在乎宣洩（所謂表達），以免「屈到病」，這着實是個可怕的誤會，幾許倫常慘劇便是在一發不可收拾的盛怒下發生。

宣洩，無疑會帶來即時的滿足，作得合宜並配合其他方法或許有它的效用。但更多時候，人愈發洩愈會增加敵意，愈感到自己有理，最後使怒氣一發不可收拾。

然而，當我們明白別人的處境，以了解、憐憫的態度去接納甚至饒恕時，我們的怒氣便會減退。主耶穌也說：「憐恤人的人有福了！因為他們必蒙憐恤。」(《聖經．馬太福音》5 章 7 節）若我們學會「快快地聽，慢慢地說，慢慢地動怒」(《聖經．雅各書》1 章 19-20 節）時，便是學會設身處地以同理心去接納別人了！

延遲滿足的能力

面對講求即時滿足、霎時衝動的香港文化，談自主意識，提倡自制能力，實有點癡人說夢話之感，難度之高不下於要一個兩歲的小孩子明白先吃飽飯才去耍樂是對他好的。只是論到情緒管理，實不可不提自制、意志、延遲滿足（delay gratification）的能力，當中那份堅毅，是邁向成熟、成功不可或缺的因素。

簡單來說，意識是知道自己在做什麼，自主的意識則是感到自己的行為是受意志所掌管的，意志運作時，我們通常是處於心理衝突的狀態。比方說，當我們感到自己不能再賴牀時，其實是面對兩個目標的衝突：一個是短期目標 —— 繼續休息，另一個是長期目標 —— 趕快起牀，以免遲到。在兩派主張的比拚下，如果主張休息的一派勝出，便是意志式微了；假使主張起牀的一方贏了，我們便感到意志抬頭了。

匆匆瀏覽這三角關係後，但願不會引起誤會，以為所謂情緒資質，不過是高舉理性，提倡百忍成金。有效的情緒管理絕不等於抑壓，而成熟、自制是指在適切的環境，運用適當的方法，表達適度的情緒，追求平衡，預防失控。

你的情緒資質有多高？

情緒資質是很難量度的，因為一個對情緒資質的概念有相當了解的人，可以憑分析能力獲取高分。所以，要評估自己的情緒資質，我們不單要對自己有一定程度的了解，也要誠實承認自己的實況。以下是一個情緒資質高的人所具備的特質，你有這些特質嗎？找兩、三位常與你接觸的親友，作為你做這份評估的參照，就可以比較客觀地知道你是否一個情緒資質高的人。

○ 能清楚和直接表達自己的情緒。

○ 不害怕流露自己的感受。

○ 不會成為負面情緒（如恐懼、內疚、情緒低落等）的奴隸。

○ 能解讀別人非言語（non-verbal）的表達。

○ 能運用自己的感受來作重要的決定。

○ 能以理智、邏輯和現實來平衡自己的情緒。

○ 做事的動機是自發和內發的，不受外在的權力、名利和財富所驅控。

○ 期望自己能有成就，不將失敗內化。

○ 對別人的情緒表示關注。

○ 能分辨自己在同一時間內多樣化的情緒。

秘訣（六）

察覺情緒死穴

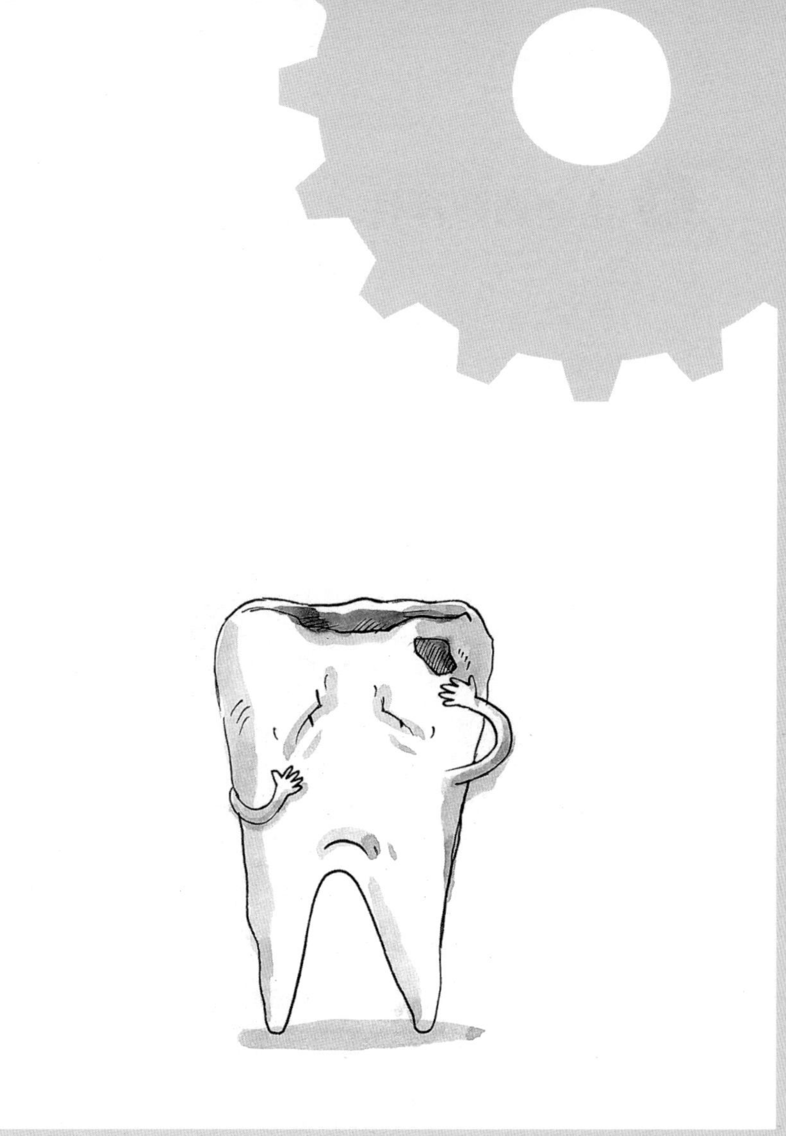

若找到那些形成死穴的根源，

就可以重新掌握它和

將它納入我們控制範圍之內了。

情緒駕馭理性之謎

有一次，Karen與同事大夥兒一起出外吃飯，飯桌上有位同事「飛象過河」，Karen甚為不悅，出言責罵對方不禮貌，同桌的人都大感愕然。無疑，Karen的反應是過激了，但她那突然而來的情緒，似乎不受她自己控制的。

我想這是一個相當普遍的現象，在一些社交場合，有時候我們會突然被引發出一些情緒反應，叫我們事後感到尷尬非常。

亞里士多德曾說：「每個人都會動怒——那十分容易，但動怒時要對準對象、適量、合時、合理和方法合宜——那就不簡單了。」我們若以亞里士多德的話來評估自己，不難發現我們表達怒氣時經常都「殺錯良民」，或是過量、過火和不合時宜的，而這都不是理性可以駕馭的。

耶魯大學的心理學家丹尼爾高曼（亦是前 *Psychology Today* 的主編），就接受亞里士多德的挑戰，為我們揭開情緒智能（Emotional Intelligence，簡稱 EI）之謎，解釋為何情緒商數（Emotional Quotient，簡稱 EQ）比智商（IQ）能更準確預測一個人的成敗。

高曼足足花了十年時間將一些看似老生常談的東西，透過近代對腦神經與情緒的研究成果，整合出一套重要的理論。他指出，有關情緒的研究多年來都被科學家所忽略，於是這未被發掘的領域，就被一些自助（self-help）或臨牀經驗的心得所佔據，但這些知識都缺乏科學基礎。直至近年，科學家對腦部神經與情緒的關係作深入研究，才揭開情緒為何駕馭理性之謎。

情緒神經的棧道

傳統對產生情緒的腦神經原理，有這樣的看法（如圖所示）：一個人看到一隻蜘蛛之後，視覺信號就傳送到丘腦（thalamus），再傳送到視覺大腦皮層（visual cortex）。在這裏，「蜘蛛」這信號會被分析成有意義的信息，讓人作出適當的反應；若這反應是與情緒有關的，信號便傳到杏仁核（amygdala），那人便作出回應：反擊或逃避（fight or flight)。這傳統的看法高舉了情緒的理性基礎，以為每一種情緒都是經過大腦分析才作出的反應。

然而，紐約大學腦科教授約瑟夫李竇（Joseph LeDoux）卻發現一條情緒神經的棧道。透過精確的新科技，他發現有部分原始的信號，是直接從丘腦傳送到杏仁核，是走捷徑的，能更快（但並不太準確）引起情緒反應，連大腦的分析也來不及介入。

高曼則用自己的一個故事作說明：有天半夜三時，在他睡房的一角，有一物件從屋頂砰然墮下。說時遲那時快，因為恐怕整個屋頂跌下來，他已經走出睡房。待一切平靜下來，他才敢走進睡房看個究竟，原來只是一疊倒下的盒子而已。他從睡房躍離現場的反應，可說是杏仁核的功勞。當時他半睡半醒，大腦還未能完全掌握當前發生的事。雖然事後發覺只是虛驚一場，但若屋頂真的塌下，丘腦與杏仁核這神經棧道的直接反應就救他一命。

情緒的記憶庫與創傷經驗的重訪

杏仁核還有一樣奇妙的功能。我們大腦的記憶能儲藏一些事實（facts），但它卻保存這些事實引伸出來的情緒。當受到的刺激愈大（如一些受驚、受創傷的經驗），那些情緒就烙印在其中。當一些與過去類似的經驗出現時，杏仁核就用一種聯繫比較的方式，將過去和當下的經驗作出配對。所以，有時候我們有似乎不知名的過敏情緒反應，就是因為情緒棧道比大腦的認知快速，以致一些可能已過時的神經警號（out-of-date neural alarms），常把我們弄得不知所措。這正是亞里士多德所謂不適量、不合時的情緒反應。

高曼再引用了一個故事，幫助我們了解一些過敏的情緒反應，其實是由一些創傷經驗所導致：在 1989 年，美國加州發生一件慘案。一名瘋漢走進一間小學的操場，那時正值小息時間，他向操場的學童亂槍掃射，然後吞槍自殺。當日，共有五名小童喪生、二十九人受傷。這名瘋子名叫 Patrick Purdy。事後，當地的小童流行一種名為 Purdy game 的遊戲：一班小童手持玩具手槍，重演大屠殺的故事，只是他們改寫了結局 —— 是他們親自殺死 Purdy，而不是他了斷自己。

據高曼的研究，這遊戲可說是創傷經驗的重訪。在遊戲中，小童在一個安全的環境之下，重新經歷這創傷事件，可帶來兩方面的醫治：第一，這些記憶在較安全和低焦慮的環境下重複，可以減低杏仁核的敏感程度，容許另外一些較中庸的情緒反應；第二，在這些小童腦海中，實行如魔法般將這慘案改變，就是他們將 Purdy 殺死，他們就不致落入那份創傷帶來的無助裏。

這也是我的體驗。在安全的輔導室內，受助者重述那些受創的經驗，能讓那情緒的神經系統對面前的經驗有較實際的評估和回應。當這些混亂的經驗和記憶，透過說話的描述，本來過速跑進情緒神經棧道的反應，就會受大腦神經所控制，不致反應過敏。

我感謝丹尼爾高曼將這些難明的腦神經科學理論，生動地陳列在我們面前，不單提醒我們 EQ 的重要，更讓我們理解到理性為何有時候不能控制情緒的快速反應。

尋找情緒反應根源

- 情緒反應與我們過去的經驗息息相關，特別是一些創傷經驗。我們應學習尊重自己一些過去的經驗，在安全和平靜的情況下，重訪或重述這些經驗，這可以化解我們一些過敏和過時的情緒反應。
- 我們要培養一種胸襟，盛載別人一些突如其來的情緒反應。他們可能只是「殺錯良民」，唯有接納他們，鼓勵他們重新追尋這些情緒反應的根源，他們才能處理這些情緒，不再錯置。

破除自己的情緒死穴

我在輔導室接觸一對夫婦已一段日子，他們在輔導室內吵架的聲音，真是嚇人。當我慢慢了解到他們吵架的形式和事端，發現很多爭論都是無謂的。例如：當他們正談論失去了新婚時期的溫馨感覺，丈夫總是投訴說：「她一點都不像一般的傳統女性，不懂服侍自己的丈夫，毫無情趣！」太太每聽到「傳統女性」、「服侍」等字眼，就不自覺大動肝火，談起男女平等來。我在輔導室目睹這情況，已不下十數次。丈夫若要惹太太生氣是十分容易的，只需說一說「傳統女性」等字眼，太太就會不能自控地發怒。他們本來是談論如何恢復親密的關係，怎料丈夫有意或無意間吐出這些字眼後，便無端使關於親密的話題演變成為關於男女平等和尊重的爭論，真是非常可惜。

一個情緒資質高的人，會知道自己在成長過程中遺留了哪些死穴，而又能慢慢紓解自己，不致反應過快和過敏。

我指的死穴就像按鈕（trigger）一樣，只要有人一觸動，我們就不由自主地朝着同一個模式去反應。例如：有一個人十分介意自己的體形過胖，只要聽到別人談論減肥或取笑別人的體形時，就會控制不了自己的情緒，大發雷霆，使一些刻意取笑他的人得逞，沒有惡意的人難堪。所謂「崩口人忌崩口碗」，「崩口碗」就是「崩口人」的死穴呢！

要破除自己人際關係的死穴，唯一的途徑是尋找那些形成死穴的根源。我們若不重新面對那些經驗，它們仍然像幽靈般作怪；反過來說，我們若找到根源所在，將這些經驗寫下或向別人描述，在某程度上，我們已經重新掌握它和將它納入我們控制範圍之內了。

我認識一位年輕人，他的死穴是經常與別人比較，情況極為嚴重，甚至使他不敢乘搭交通工具。因為在車上每遇到與自己年紀相若的人，他就開始不斷比較，總覺得別人看不起他，經常被人比下去，覺得自己一無是處。最近，他有一個突破，慢慢掌握那些從內心發出的聲音，總是拿自己和別人比較，都是耳熟能詳的。當他對這些強烈的批評敏銳多了，反而開始釋然，反應不再過快和過敏了。

我想，在我們的成長過程中有許多不如意的經歷，不是當時都能夠適當地面對和處理的，但今天卻是能夠控制對這些經歷的反應。重要的是我們要勇敢面對，不要不經過濾，便將過去的反應全盤轉放在今天可能截然不同的處境上，這就是培養情緒資質要留意的地方。

追溯情緒死穴

你可以透過以下的問題來追溯自己的情緒死穴。

- 別人的什麼行為、態度或說話最容易觸怒我？（是輕視的眼光嗎？是一句粗魯的說話嗎？還是其他？）

____

____

- 別人的什麼行為、態度或說話最容易使我感到被拒絕？（是別人不聆聽，不理解嗎？是別人忽略我，故意不看我嗎？是別人有意將我擠出談話之外？還是其他？）

____

____

- 當我感到憤怒或被拒絕時，其實是感受到哪一種傷害？

- 回想過去，我有沒有遇過類似的情況？

- 我心底有什麼沒有說出來的期望，致使那些不快的情緒升級？

- 若說出來，對方能明白我的期望和死穴嗎？

挑戰負面情緒背後的「自動想法」

一位秘書在一份上司交回給自己的文件上，找到一個錯字，她就開始有以下的想法：「上司若發現這個錯字，一定會認為我辦事能力差，不再信任我了⋯⋯」這想法帶給這位秘書很多負面的情緒，恐懼、內疚和情緒低落等。

一個情緒資質高的人，不但能了解自己的情緒，更能有效地處理它，而其中一個有效的方法，就是找到負面情緒背後的「自動想法」，從而挑戰這些想法是否合乎現實。

心理學家發現，原來我們的情緒主要受我們的想法所影響，而這些想法是從過去累積的經驗逐漸形成的；這些想法有時候出現太快和太自動化，可能不容易察覺，所以稱為「自動想法」（automatic thought）。

前面提到的那位秘書，你認為她的想法合乎現實嗎？一些幫助自己理清思想的問題，有助我們挑戰那些不真實的「自動想法」。以後，若有負面情緒出現時，可試試提問自己。

挑戰你的「自動想法」

- 有什麼證據支持這個想法？有什麼證據推翻這個想法？

____

____

- 事情可不可能有另外的解釋？

____

____

- 最壞的情況會是什麼？我有能力面對嗎？

____

____

- 最理想的情況會是什麼？

____

____

- 最合乎現實的結果又是什麼？

____

____

- 我若相信這「自動想法」，對我有什麼影響？我若改變這想法，對我又有什麼影響？

____

____

- 我能為這情況做些什麼嗎？

____

____

- 若朋友身陷同一處境，我會向他/她說些什麼話？

____

____

秘訣（七）

選擇情緒可由人

生活的挫敗可以叫你陷於沮喪，

也可以成為你發奮的動力；

人生精彩之處，

在於一念之間可以扭轉乾坤，

塑造無數的可能。

信念創造情緒

甫入輔導室，Karen 開始訴說在工作上遇到的委屈。她是一名接待員，座位面對公司大門，悶得發慌時她會偷看小說，有一次不幸被路過的秘書小姐發現，被她罵了兩句。又有一次，她經不起一個訪客的要求在老闆講電話時遞了字條給他，換來老闆的一句：「你沒看見我正在講電話嗎？」

眼眶紅紅的她愈說愈氣憤：「哼，就是因為我在公司的職級最低微，所以任何人只要高興就可以找我來罵。那訪客說有急事，我可以推辭他的要求嗎？我知道，人人都針對我，連地鐵也與我作對，今天地鐵故障分明是要害我約會遲到；已經遲到了，來到輔導室時，接待員又說要調整收費，我職級低薪水也低，連見輔導員也要受壓逼……」

曾幾何時，我們也愛用 Karen 那「福無重至，禍不單行」的想法來解釋發生在我們身上的不幸遭遇，而且愈想愈覺得自己倒霉。這樣的想法不完全正確，也非完全不正確。我們的感想往往是我們所選擇的思想的直接結果，這些信念、價值觀、假設等等就是導致某些情緒反應的因素。換句話說，你對於自我和經驗的看法每天正在製造你的情緒。因此，要管理情緒，就得從信念着手。

讓我們以 Karen 的遭遇作個練習：

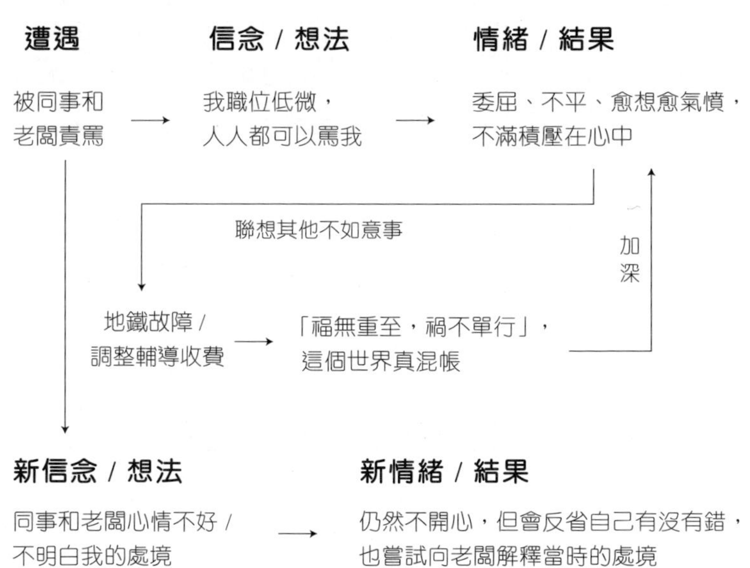

老是想着令人氣憤的事情，你會愈想愈生氣；老是想着悲傷的事情，你會更加憂鬱；對於即將發生的事情重複思量擔憂，你會愈來愈不安。

當然，絕大部分人不會無中生有，或鑽牛角尖，但依然有不少人時常因為對他人、環境和自我的要求，而使自己過度沮喪，令自己不快樂。其實，這都是我們從小學來的想法。

我認識的 Gilbert 是個守時、有原則的青年人，但他總認為赴約必須準時，遲到表示不尊重別人。故此，每次等朋友，時間一到，他心中的不滿便開始膨脹，總想着別人不看重與他的約會、做人沒有原則、這是三個月來第五次遲到等等。不消五分鐘，他的臉色已經相當難看，叫遲到的人受不了。

Gilbert 的想法非完全不正確，也不完全正確，但當他把「守時」與「尊重」套上一個不可逆轉的必然因果關係後，就把朋友一個又一個地嚇跑了。

我的腦袋有什麼？

這裏有個小測驗，可讓你看看自己是否像 Gilbert 一樣，腦袋裏藏着一些不可逆轉的信念。

請以 ✔ 或 ✘ 來表示你的想法：

○ 人生一定是公平的。

○ 人應該有能力掌握生活。

○ 我為別人服務，別人應該心存感激。

○ 生活應該是很自在的。

○ 我們應該事事追求完美。

○ 我必須成功，失敗令我無法忍受。

○ 把事情做好是應分的。

○ 要儘量滿足別人言詞懇切的要求。

○ 別人應該體諒明白我。

○ 只要沒有違法，就可以隨心所欲作任何事了。

如果你等着計算分數，很抱歉，叫你失望了。這不過是拋磚引玉的個人反思，希望你漸漸體會到，你可以選擇如何看事情，進而影響你的情緒。思想是有力量的，它可以釋放你，對於外在環境所引發的事情感到無能為力時，你可以決定自己的反應。誠如約翰米爾頓（John Milton）所言：「心念即其所在，其本身能使煉獄變天堂，天堂成煉獄。」一旦知道自己有選擇，你也就獲得一種掌握了生命的感覺。

自覺能力的培養

志強今年二十四歲，自小在一位愛批評的母親照顧下長大。年少時，母親最喜歡把他與鄰居的孩子作比較。甚至恐嚇他，如不改善某些表現，就送他去孤兒院。

雖然志強有一段時間在外地讀書，但是母親批評的聲音似乎從來沒有離開他。他最害怕出席一些社交活動，因為他會不自覺地與別人比較，甚至認為別人會輕視他。所以，他不斷逃避與人交往。後來，連讀書和工作都有困難，並不是因為能力不逮，卻是批評和比較的聲音太多，使他緊張萬分，不能專心讀書和工作。

經過年多的輔導，他慢慢對自己的潛意識醒覺多了，知道那些批評的聲音，未必與事實相符。最近，他更勇敢地將對輔導員的感覺說出來：「當你鼓勵我找工作時，我彷彿同時間看到兩個你，一個是好的，真心關心我；一個是壞的，要我按你的提議去行事。否則，你就不接納我。」志強的自覺能力高了，能聽到自己內在原來有兩把聲音。他知道，是來自母親那好批評的聲音，使自己裹足不前。這份自覺，帶給志強新的力量，助他衝破自己的困局。

自覺能力是情緒資質的主要元素之一，也是其他元素的基礎。

心理學家稱之為自我觀察的自我（observing ego），彷彿是一種抽離自己而自我觀察的能力，是一種不斷留意自己內在情況的感應。

一個具有自覺能力的人，為何等於情緒資質高呢？因為能了解自己為何有情緒的人，通常是內心世界豐富的人，他們因着對內心的掌握，都較獨立自由和具有清晰的界限。就算壞情緒來訪，他們都不會反復沉迷於情緒的網羅之中，不能自拔。

反之，一個缺乏自覺能力的人，是不懂用言語表達自己的情緒。再嚴重一點，可以是精神病學中的一種病態，稱之為Alexithymia。這些人可能發現自己在痛哭，卻不知道自己為什麼哭，活在莫名的痛苦中。反之，我們若能將情緒帶進意識的領域，給它一個名字，我們就能掌握和控制它，甚至有能力改變它。

既然自覺能力那麼重要，我們如何增強它呢？我們不如來試試「自覺輪」的練習吧！

「自覺輪」的練習

自覺輪是將人的狀態分成五方面。「感觀」是指我們五官的感覺，例如聽到什麼、看到什麼等；「渴望」是指我們的期望和行為的意圖（intention）；「情緒」是我們在某經驗中直接的情緒反應，這些反應可以是內在或外在的表徵，例如：當你內裏感到憤怒時，外在的表現可能是肌肉緊張、面紅耳熱、大聲說話等；「思想」是我們情緒背後的想法，直接或間接影響我們的情緒；「行為」是我們在整個經驗中的一些實際行動和反應。

舉例說明，有一位朋友透過「自覺輪」的練習，了解到他自己的情況如下：

- 感觀：我看到一位舊同學迎面走來。
- 渴望：我不想與他交談。
- 情緒：我感到不自在和自卑。

- 思想：我這位舊同學在事業上步步高陞，相比之下，我遠遠不及他，我不想被他查問我的近況，我是一個失敗者。

- 行為：我繞道而行，逃避了他。

這位朋友當時不自覺地繞道而行，這種反常的舉動，連自己也有點莫名其妙。透過「自覺輪」的練習，他才分辨出自己當時複雜的情緒，背後是因為不能接納自己。當他多了解自己的想法，就可以試圖作出改變。例如：他可以思想自己事業不及人怎麼就等於是一個失敗者？他可能在其他方面比舊同學優勝，而且那位舊同學可能根本沒有比高下的想法，對方也會衡量因比較而失去朋友是否值得。透過這些思想的透視，他就不會不自覺地逃避這位舊同學了。

事實上，在「自覺輪」上每一個狀況都可以是一個起始點，你可以從「行為」或「渴望」推想其他的狀況。若我們對每個狀況都了解清楚，就代表我們的自覺能力高，知道自己為什麼如此？在做什麼？感受如何？這就是情緒資質的基礎了。

「自覺輪」的練習

試回想一個強烈的情緒片段，利用「自覺輪」的不同狀態，將這情緒具體地呈現出來。

片段：________________________________

人物：________________________________

事情：________________________________

____

我的主要情緒是：________________________

____

這情緒反應是因為我：

- 感觀到什麼？

____

____

- 渴望或希望什麼？

____

____

- 我的想法是什麼？

____

____

- 我在片段中的行為，告訴了我什麼？

____

____

秘訣（八）

適當照顧別人情緒

不為對方的情緒而感到內疚，

尊重對方的感受，

讓對方慢慢解決或舒緩那感受。

聆聽的技巧

以下是一對夫婦的對話：

太太：你究竟有沒有時間停下來，聽我說幾句話？

丈夫：(感到被投訴) 我現在不是在聽你的嗎？

太太：(感到丈夫對自己不耐煩) 你邊看着報紙，哪裏是在聽我說話！

丈夫：你就是想我聽你這幾句話！

太太：不跟你說了，你就是不明白我的需要。

丈夫：你又說到哪裏去了……

(不歡而散)

聆聽是重要的溝通技巧，卻沒有多少人肯承認自己不懂得聆聽。其實，聆聽真的很難掌握，部分原因來自客觀的困難：我們的思想速度比說話速度快七倍。所以，當別人說話的時候，我們若不好好約束自己的思想，就很容易只顧思考如何回應、反駁對方的說話，指出對方說話中的破綻，而沒有全心全意地聆聽。

此外，聆聽還有一些主觀的障礙，不妨試試省察自己有沒有以下的毛病：

- 經常批評別人說話的內容和表達方式。
- 對別人不同的意見充耳不聞。
- 未等對方把話說完就下定論。
- 一廂情願地選擇聽取自己期望聽到的說話。
- 沒有耐性，不斷發問或魯莽回答。
- 總是自己在說話。

這些毛病往往是溝通的致命傷。如果你想改進自己的溝通技巧，就要做一個真正的聆聽者，尤其在與人衝突時，真誠的聆聽，能化解很多不必要的誤解呢！

聆聽的基本功

若想做一個真正的聆聽者，可以按以下聆聽的基本態度和步驟試試看，你會發現它們的好處：

- 聽對方說話時，儘量放鬆自己，並保持合宜的眼神接觸。
- 保持態度中立，不妄下判斷。
- 避免即時反應，或中斷對方的說話。
- 給對方適量的回應，如輕輕點頭表示明白，或說「原來這樣」、「我明白」等等，表示專心，正嘗試了解對方。
- 捕捉一些重要的字眼和表達感受的名詞，嘗試全面了解對方的觀點和背後的情緒。
- 嘗試用以下的方式回應對方的感受和說話內容：「你感到……（情緒），因為……（事情內容）。」

如何處理別人的情緒

陳太在工作間的人際關係不愉快，回家仍然愁眉苦臉，陳先生見貌，便出言相勸。

陳生：「為什麼愁眉苦臉？」

陳太：「Mary 經常在老闆面前説三道四。」

陳生：「你又沒有作虧心事，有什麼好擔心？做人最重要是問心無愧。」

陳太：「你是不會明白 Mary 的為人。」

陳生：「什麼不明白！是你太認真，這樣微不足道的事情，還要鬧情緒！你不單難為自己，還連累我要看你的臉色。」

陳太：「你大可以不管我，誰要你來管！」

陳生：「你看，又鬧情緒，我在跟你溝通哩。」

陳太：「你總是合理，我總是不對！我不跟你談啦！今天晚上我不煮飯了！」

從上述的個案，我們看到陳先生原先想幫太太處理情緒，卻弄巧反拙。

歸根究底，是因為陳先生對處理別人的情緒有所誤解：

第一，他以為提供一些意見，可以解決太太的問題，而問題解決了，情緒就自然消減。

第二，他以為否定對方的情緒，能令對方較理性地處理情緒。怎料，他愈想否定對方，對方就愈加反駁，情緒更加高漲。

第三，他要處理別人情緒，自己卻又感到不耐煩，很可能本身就是一個逃避處理自己情緒的人。他不面對自己的情緒，也因別人的情緒而感到不安。為使不安的情緒消減，他希望以最快的方式使對方平復，但這往往是不奏效的。

如何面對鬧情緒的人？

千萬不要以解決別人的情緒為己任，他人的情緒是他們自己的責任。若遇到別人鬧情緒的時候，我們可以這樣回應：

- 儘量施予同理心，避免嘗試說服對方消除那種感受（invalidation），或太快提供解決問題的方案。
- 不為對方的情緒而感到內疚或怪責自己。尊重對方的感受，讓對方慢慢解決或舒緩那感受。
- 不批評對方，因為那只會令對方的情緒更高漲（escalation）。你可以在知會對方之後，暫時離開他，做自己的事情。若想表達關懷，可待對方情緒平復後再跟進和了解。
- 了解對方的感受後，你可以表達自己當時的感受，但切忌怪責或說一些話使對方內疚。可以用「我」（I-message）作開始，例如：「當你情緒不好時，我感到十分無助，我希望了解你正經歷些什麼。」

記着，要公平對待自己和別人的情緒，接受和正面表達自己的情緒，不將別人的情緒放在自己的肩頭上，這會令我們內心更平靜。

認識人際關係中的界限

麗珍有些莫名奇妙，她認為自己為人友善，又樂於與別人分享，不明白為何自己沒有知心朋友，使她感到十分沮喪。

直至有一次，一位新朋友直接指出她的問題，她才恍然大悟。

原來麗珍為人真誠、熱情和開放，第一次與朋友說話，就毫不忌諱地將自己的家庭背景、成長創傷，和對別人的觀感，毫無保留地和盤托出。她這種缺乏界線的表現，嚇怕了不少新相識的朋友，也就談不上進一步發展深入的友情了。

要在人際關係中如魚得水，暢通無阻，有一種人際間的藝術是不可忽略的，就是為自己在不同的社交場合和人際關係中，確定適當的界限（boundary）。

這界限可以從兩方面來討論：

第一是社交距離。人與人之間會因應關係的深淺而有不同的社交距離。親人，如夫妻、父母子女、兄弟姊妹等，彼此的社交距離是最接近的；至於初相識的朋友，社交距離就遠多了。一個界限觀念模糊的人，往往會犯上社交距離的錯誤。例如：明明對方和你相識不久，你卻過分熱情，硬要坐在對方的身旁，對方面有難色，你仍然不察覺，這就是不懂社交距離的表現。另外，雖然昔日的妻子稱自己的配偶為丈夫，意謂「一丈」之夫，我相信對古代的夫婦關係來說，保持一種相當大的距離，是相敬如賓的表現。但今天的夫婦關係講求二人親密的相處，若做丈夫的在逛街時仍與太太有「一丈」之距，那就有點兒過分了。然而，走在街上，似乎也不難找到相距「一丈」的夫婦呢！

第二是私人空間。這包括個人的私生活和私隱。假若有男上司借助工作上的權力，硬要約會女下屬，或在工餘時，很想認識女下屬工作以外的私生活，他就是侵犯了別人的私人空間。當然，更嚴重的是性騷擾和性侵犯。一個備受尊重的人，總是懂得如何保護自己的私人空間，和尊重別人的私人空間，不隨便亂闖禁地，惹人反感。

我很喜歡用拉鏈來作比喻，一個成熟的人，他那私人空間的拉鏈開關往往是向內的，即只有自己才可以控制；面對相熟的朋友或親人，他可以開闊一點，讓人多了解認識他；面對一些陌生甚或有敵意的人，他可以將拉鏈關上，保護自己免受侵犯和傷害。

相反，一個不懂人際關係界限的人，他的拉鏈往往是向外的，別人能隨意開關，致使他很容易受到傷害。或許你也遇過這類人，他們與別人初相識，就把自己的私隱告訴別人；碰上別人對他們有不合理的要求時，他們又不懂得拒絕，最終很容易給別人佔便宜。

香港是一個人口密集、人際交往頻繁的社會，日常生活中實在有很多考驗我們如何定界限的挑戰，你準備如何面對沒有？

社交距離知多少？

每個人對社交距離的標準都不同，試寫下你認為舒適的距離。將這些數字與別人的作比較，看你的標準是否合乎一般人的尺度。

關係	舒適的距離（尺寸）
一般同事	
異性同事	
同性同事	
上司	
男性朋友	
女性朋友	

關係	舒適的距離(尺寸)
父親	
母親	
兒女	
兄弟姊妹	
途人	
顧客	

秘訣（九）

解除人際衝突武裝

能懷着同理心，延遲自己的需要，

先讓對方的情緒和觀點獲得了解，

不但可以避免很多衝突，

甚至能化衝突為增進親密的機會呢！

同理心之難

美娜是一個人見人愛的女孩子，男女老幼都十分樂意與她交談、交往。

每當別人找她傾談，她總是興致勃勃的，而且很快就能夠捕捉別人的心情或難處，也盡能力表達自己對別人的了解。她就是有一種善解人意的能力，吸引別人向她傾訴。還有，她不會做傳聲筒，別人都不怕把秘密告訴她。

同理心是人際關係中重要的一環，能以同理心待人，即是對別人的感受和關注敏銳，會站在別人的處境看事物；對別人不同的感受或看法，抱欣賞的態度。同理心的能力是人際關係的基石，有這能力的人通常都是通情達理、為人中肯，是好的聆聽者（good listener），與那些事事批評、說話有刺、咄咄逼人的人，有着很大的對比。

但同理心是需要培養的。它跟憐憫 (sympathy) 有一些分別。有同理心的人，不會過分受他人情感牽引而失去情緒的平衡。學習同理心，首先要專注聆聽對方的說話，遇到有關感受的部分時，聆聽完後，還要用自己的說話，複述對方的感受。例如：「你感受到……因為……」

這看似簡單的操練，其實殊不簡單，因為我們大腦的運作往往比我們的說話快七倍。當別人跟我們說話的時候，大腦早在不斷地分析對方的說話，尋找破綻，思考回應。要是大家正在爭執的話，我們更會專注思考如何駁倒對方，尋找他說話的漏洞來攻擊他的論點。所以，我們要先掌握到聆聽的技巧，才可以進一步培養同理心。

約見輔導員的朋友，經常有一種慨歎，就是從未有人這樣專注地聆聽他們的故事，並且正確地捕捉他們錯綜複雜的感受。他們的父母不曾，同事不曾，配偶也不曾。我們當輔導員的能夠應用同理心，除了經過訓練，最主要是我們不是當事人的親人，只是他們情感世界以外的人，能夠處於一個較抽離和客觀的位置，感受他們的感受。

若我是當事人的丈夫，當她向我訴苦，甚或說我的不是時，我的自然反應很可能是保護自己，為自己辯護，甚至反擊對方。通常不在其位的人，會有更大的容量盛載別人的感受。

打趣說，一個善解人意、助人紓憂解困的輔導員，回到自己的家庭，那些同理心的技巧，極可能完全派不上用場。面對自己的家人，因為他是當事人，就不再容易作客觀的回應了。所以，同理心往往是在與自己無利害衝突下，才較容易實踐的。

話說回來，我們若能在與人有衝突的時候，仍願意以同理心來了解他人的觀點、角度和難處，對解決衝突是裨益良多的。

在衝突的關頭

有一次，一位婚姻家庭治療師與丈夫吵架，吵得臉紅耳熱，丈夫攻其不備地挑戰她：「你不是婚姻專家嗎？你不是教人要聆聽嗎？你看我多氣憤，是你將我弄成這個樣子的，我現在很不開心，為何你不給我一個『同理心』的回應？」

這位婚姻家庭治療師頭頂正冒煙，她反擊：「連我這一個滿有同理心的人都被你弄成這樣，你看你多糟。」

這場吵架會怎樣發展下去，大家可想而知！

正如前面所提及的，我們若是局外人，不是首當其衝在戰圈中，以同理心來看待訴苦的人不太困難。然而，當你正與對方爭執，他出言不遜，作人身攻擊，你最本能的反應，相信就是否認（denial）與還擊：「我根本不是這樣，你又比我好多少呢？」這樣你一言，我一語，戰火就會不斷升級，形成更大的衝突了。

在衝突的關頭仍能以同理心相待，是要有足夠的自制能力，將自己的需要延遲（delay-gratification），先讓對方的情緒和觀點獲得了解。在衝突的關頭，你可以嘗試先回答以下的問題：

- 他有這樣的情緒反應一定有原因的，究竟是什麼觸怒了他？

- 他對我有誤會嗎？是什麼想法使他這樣執著呢？

- 有沒有其他前因後果令他如此激動呢？

當我們將注意力集中在對方的想法和情緒上，就不會只想着如何自衛和還擊了。更進一步，我們可以說一些富同理心的說話，這時候，對方的情緒自然會平復下來，不再費盡唇舌去申訴自己的苦，斥責你的不是。或許簡單地說一句：「你有這樣的情緒反應，因為你有……（某些期望、誤解或想法）這是我能夠理解的。」西方有一句十分貼切的話："It makes sense to me that you feel that way."（「我明白你為何有這些感受。」）

在衝突的關頭，使用同理心有很多好處：第一，衝突不會繼續升級；第二，對方感到被了解，感受沒有被否定（invalidation），怒氣發洩了，內心自然會有更大的空間聆聽我們的觀點，使我們有澄清誤會的機會。

當我處理一些夫婦的衝突時，經常都會要求正在對罵的夫婦停下來，讓一方先說，另一方聽，並複述對方的感受和觀點。就這樣，很多夫婦間的衝突都得到化解。一般人多認為做丈夫的總是不懂聆聽太太的感受，我卻認為他們並不是沒有聆聽的能力，而是只顧思考怎樣為對方解決問題，又或勸喻對方不要有那些感受等等，結果弄巧反拙。其實，只要他們能表達同理心，很多衝突是可以避免的，甚至能化衝突為增進親密的機會呢！

試試同理心

下一次與別人有衝突時，嘗試先放下自己的情緒和對衝突的理據，先不要在腦海中組織如何反駁對方，用上文曾提及的問題作指引：

- 他有這樣的情緒反應一定有原因的，究竟是什麼觸怒了他？

  ____

- 他對我有誤會嗎？是什麼想法使他這樣執著呢？

  ____

- 有沒有其他前因後果令他如此激動呢？

  ____

然後，找出對方不快的背後原因，並用以下的方式回答對方：你感到……（情緒字眼）因為……（情緒背後的原因）

____

____

處理衝突的步驟

處理衝突，不宜倉卒了事，要選擇在充裕的時間、不受騷擾的舒適環境下，以合作的態度，和尋求雙方滿足的大前提下展開溝通。

一、澄清彼此對事情的不同看法，務求彼此都能明白對方行為背後的原因。可作以下的討論：

- 這衝突是由單一事件，還是連串事件所引起？
- 這衝突是否真的與對方有關，還是因為自己內心的矛盾所引起？
- 雙方在這衝突上應負上什麼責任？
- 彼此之間有什麼行為表現引起對方的誤解（misperception）？
- 彼此之間有沒有偏見？有沒有給對方定型？
- 彼此之間有沒有刻意或不經意地攻擊對方的弱點或痛處？

二、認清是否還有一些未了結的事情。例如：有沒有一些過去還未解決的矛盾，形成或助長了這次衝突？回顧過去並不等如翻舊賬，應抱一種探求的態度正視過去，目的是希望能正面處理一些未了結的事情。

三、表達雙方的需要。想一想在衝突中，彼此有沒有忽略了對方的某些需要？若得到滿足後，是否就能化解？彼此有沒有讓對方明白自己的需要？當明白彼此的需要後，目標應放在尋求解決的方法。着眼未來，不要被過去的不快阻礙處理衝突的進程。

四、尋求雙方滿意的方案，不固執己見。訂定方案時，要考慮下面幾點：

- 這方案是否公平？能否滿足雙方的需要？
- 這方案能否實踐？
- 這方案能否改善彼此的關係？
- 這方案是否得到雙方的接納？這是一個「雙贏」（Win-Win）還是「我贏你輸」（I Win-You Lose）的方案？

無論訂定什麼方案，最重要的是雙方都願意把它付諸實行，這方案才有意義。

雙贏方案

若你與別人發生一些衝突，你可向對方表明自己解決衝突的誠意，並提議與對方一起以上述的步驟和問題，作為解決衝突的指引。事後，把過程中的感受和收穫記錄下來。

秘訣（十）

處理情緒由我來

一個人不打算為自己的情緒負責任，

自然沒有能力管理自己的情緒。

試試不要再撒賴，

你會感受到由主動帶來的改變動力。

處理情緒三部曲

公司「放皇榜」，大夥兒七嘴八舌談論着獲加官進爵的Anita：有上進心，工作又勤快，待人也很友善。獨剩「中空寶」的Cindy悶在一角……「分明是含沙射影貶低我」，一種苦澀、不暢快、挫敗、失望、時不我予的感覺不斷地擴張，想起自己的努力不被賞識，獃在這裏還有什麼前途呢？一班同事也着實「跟紅頂白」，幹下去又有什麼意思呢？漸漸日子過得愈來愈不順暢……

曾幾何時，我們也像Cindy一樣，沒有好好處理自己的情緒，讓情緒成為我們的重擔，蠶食我們的生命。

善為處理情緒的意思，並不是堅持要隨時隨地使自己快樂，期望活在一個不存在的烏托邦中。其實，情緒可以作成長的契機，但要達至成長的目的，我們必須經歷一個漸進的反省過程，有了成熟的自省，才能經得起情緒的衝擊，不致受制於情緒的枷鎖。

這自我反省的過程分為三個階段：第一是聆聽自己的情緒；第二是與自己的情緒對話，了解和接納它；第三是採取適當的行動。我稱它為情緒處理三部曲。

聆聽自己的情緒

今天的都市人日夜奔波勞碌，很少機會靜下來探索自己的內心世界，看看自己正處於哪種情緒狀態。許多人面對情緒都束手無策，主要是因為對自己的感受不清楚，以致無從着手。

這時，最好找一段安靜的時間，到一處不受騷擾的地方，深入體會自己內心正經歷的感受是什麼，好好聆聽自己的情緒。

情緒一日遊

你可以問問自己以下的問題，了解自己一天內的情緒幅度和變化：

- 早上醒來，有什麼感覺？預計當日充滿刺激還是困惱呢？昨晚的夢給你什麼感受？

- 整天的情緒主要是：快樂？沮喪？滿足？怨憤？不耐煩？沉悶？疲倦？

- 從外面回家感受如何？寂寞？釋放？安詳？

- 與親人間有什麼情緒交流？

- 睡在牀上時，還有什麼情緒在腦際飄浮？

若仔細聆聽自己一天的情緒變化，你會驚訝原來有這麼大的情緒波動。

身體的信號

除了安靜揣摩自己的情緒變化，也可以透過身體的信號來聆聽自己的情緒。例如：恐懼時會心跳加速，害羞時會臉紅，內疚時會拒絕與人眼部接觸等。以下是一些較詳細的例子：

情 緒	身體反應
恐 懼	腸部肌肉收緊，血湧至腳部，手指溫度下降。
憤 怒	前臂肌肉收緊，血湧至手部，手指溫度上升。
悲 哀	喉頭和胸部肌肉收緊，眼部發熱和感受壓力。
快 樂	全身充滿動力，血湧至面部和手部。

分辨情緒的主次

除了不同時間會有不同情緒，在同一時間也會共存不同情緒，只是有主次分別，在聆聽自己的情緒時，要小心分辨。

研究情緒的心理學家把這些情緒組合的不同強度，用圖表表達出來。例如在恐懼的情況下，我們會有恐懼、感興趣、驚訝、悲哀等不同強弱的情緒；在內疚的情況下，我們會有內疚、悲哀、恐懼、感興趣、害羞等不同強弱的情緒。

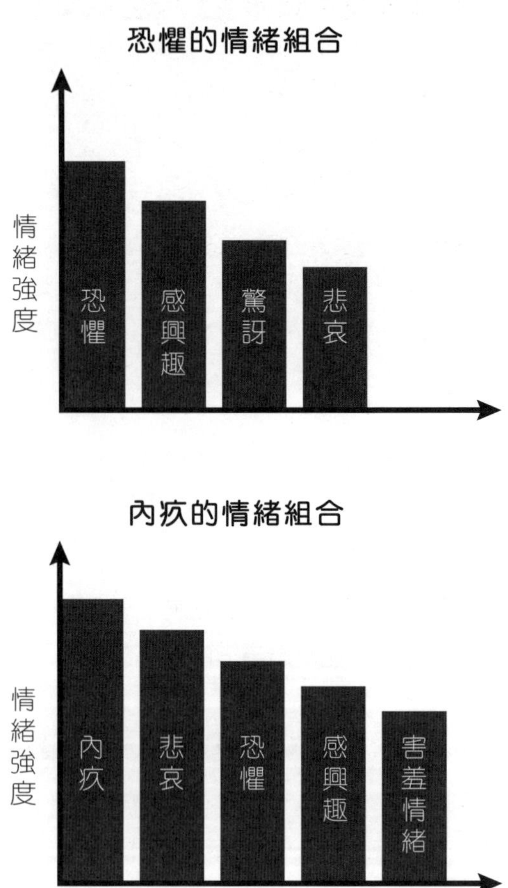
恐懼的情緒組合
情緒強度
恐懼
感興趣
驚訝
悲哀
內疚的情緒組合
情緒強度
內疚
悲哀
恐懼
感興趣
害羞情緒

上述兩個例子，讓我們知道情緒的複雜性，也了解某一種情緒與其他情緒的關係。例如，在內疚的情況下，我們會同時感到悲傷（sadness）和恐懼（fear），這些都是從內疚產生的情緒。我們要小心分辨主次的關係，否則當我們內疚時，會誤以為自己是恐懼。

分辨到自己的情緒後，就要進入情緒處理的第二部曲。

接納自己的情緒

就以前述的個案為例，換着你是 Cindy，可以怎樣呢？

事實上，面對開始時的感受（失望、鬱悶等），你的確會沒有辦法，也無法改寫你的經歷，不過你還是可以做一些事：

一、接納自己的情緒和你自己

先別去理會改變情緒的技巧，當你察覺到不快時，要誠實地接受一個沮喪、失望、憤怒、嫉妒、挫敗的自己，即使你不喜歡那份感覺，也不要去否定、壓抑它，一個暫時掩蓋的名目不會助你選擇新情緒。

二、與情緒展開對話

- 我這是怎麼了？試試形容你的感受？
- 這些情緒有理由作基礎嗎？（我有生氣的權利嗎？同事有落井下石嗎？）
- 這些情緒的強度與事實成正比嗎？
- 這些情緒與過去的經歷有關嗎？

這些對話會幫助你了解情緒的由來，你會發現，有些淵源竟可以追溯至過去的人與物，提醒自己是時候將它們辨別出來。

三、接管情緒的主權

「為什麼我老是不快樂？」、「誰叫我的際遇這麼差！」、「都是某某不好」……我們每個人多少都會自怨自艾，責怪他人，內心充滿被動的言詞與想法：「他／她令我不快」、「我脾氣失控」、「我沒有辦法或選擇」等。然而，一個人不打算為自己的情緒負起主動責任，自然沒有能力管理情緒。試從今天開始，不要再撒賴，要對自己說：「我容許自己為此事感到沮喪」、「我選擇了發脾氣」、「這主意不錯，我會去做」，你會感受到由主動帶來的改變動力。

採取適當的行動

當我們能了解和接納自己的情緒時，情緒的困擾已差不多告一段落。然而，情緒其實只是一個指標，告訴我們正處於怎樣的現實裏。所以，要真正徹底面對自己的情緒，可能要改變某些不太正確的想法，調整某些日常生活的習慣，或重建與某些人的關係等。當然，有些情緒如失戀或喪失親人，是需要較長時間治療內心的傷痛，此刻最佳的行動可能就是安靜等候。

事實上，每一種情緒都要求我們以行動作回應。試看五種常見的情緒：

- 恐懼時：鼓起勇氣，面對挑戰，踏出第一步。
- 羞恥時：知道自己的弱點和限制，嘗試改善。
- 內疚時：知道自己越位的地方，若得罪了人便要道歉，以後不再重蹈覆轍。

- 悲哀時：放開手讓失去的離開，張開手等待新生活的來臨。

- 憤怒時：勇敢表達自己的立場，不讓外來的傷害持續下去。

把一些可行的辦法一一記錄下來，然後付諸行動。

生活的挫敗可以叫你陷於沮喪，也可以成為你發奮的動力。認為同事有心小看你，這想法會叫你一直懷恨；認為他們只是沒有留意你的成就，這想法會叫你海闊天空，不再介意。人生精彩之處，在於一念之間可以扭轉乾坤，塑造無數的可能。

處理情緒三部曲

試想一件不愉快的事情，按照處理情緒三部曲，將這種不快的情緒「消化」(process)。

一、找出自己主要的情緒：

____

二、接納這種情緒

- 透過對話，我了解這種情緒的背後原因是：

  ____

- 我堅持，如何感受最終是我的決定，我現在的決定是：

  ____

三、透過以上的反省，我的新想法和方向是：

____

____

釋放情緒
五大能源

情緒的英文 "Emotion"，拆開為 E-motion，

即 "Energy in Motion"。

換言之，情緒即是能量。

這份能量既能載舟，亦能覆舟。

若能夠把情緒的正面功能融入生活中，

生命就更豐盛了。

（一）羞恥感
鑒察自我的放大鏡

羞恥感是一位偉大的老師，

他教我們認識自己；

他也是直言的知己朋友，

坦誠地告訴我們陷於一團糟的境況。

羞恥感帶來的不快，

就成為我們發憤圖強的動力了。

「羞」聲載道下成長

阿文二十三歲，中學畢業後已有數年的工作經驗，可惜他差不多每年都轉工一兩次，而每次轉工大都因為覺得與同事合不來，被同事針對和排斥，想轉換一下環境。當他與人交談時，經常低下頭，雙手緊握放在兩膝之上，不大敢正面與別人的目光接觸，就是稍一接觸，都會立刻把目光轉往下方。

原來阿文一直都不滿意自己的外貌。他的樣貌其實並不醜，只是臉上多了些青春痘，還有一點小疤痕，這使他自覺醜陋，以自己的容貌為恥。基於這種心理，與人交往的時候，他對別人的目光顯得過敏，別人稍看他一眼，他便以為別人心裏正評價他。他的羞怯、內向和畏縮由此形成。雖然他希望與人交往，但內心卻害怕不被別人接納，因而更孤立自己。

其實，許多人都有類似阿文的內心掙扎。在我們的傳統文化下，父母在教養子女，往往用上「羞字訣」，像「羞死」、「羞家」、「丟臉」等字眼常掛嘴邊，更有極端的父母，當子女犯錯或不聽話時，着意當眾責罰他們，好叫他們受「激勵」而改過。毋怪外國人研究中國人的性格時，都很快留意到這種羞恥文化。

羞恥的感受，往往是來自別人的批評和怪責，將我們的弱點暴露於人前。羞恥有別於罪咎感，罪咎感是源於自己做錯了事情，關注的是自己的錯失，害怕的是別人的懲罰，羞恥感卻不同。我們會質問自己：「我這個人為什麼如此失敗？」關注的是自己的弱點或限制，害怕給別人拒絕、遺棄。

羞恥感建於自覺的基礎上。孩童在未懂得羞恥之前，必先自覺是獨立的個體，有別於他人。心理學家艾力遜（Erik Erikson）認為羞恥感是孩童在兩歲時發展出來的，這階段被稱為 The Terrible Two（可怕的兩歲）。小童那時候正掙扎學習獨立，不顧父母的管束而四處探索，為父母帶來不少煩惱。父母若過分保護或以「羞」聲載道的方法管教兒女，他們自主（autonomy）的能力便大大受損，對自己的能力產生疑惑（self-doubt）。所以，艾力遜認為，這階段的發展性危機（developmental crisis）是自主與羞恥的平衡。若以這角度來衡量，我們可以說中國的父母較傾向以羞恥為管教工具。

另外，當一個人以某些事情為恥，如外貌、口才等，身邊的人若以接納的態度與他相處，又或對他另一些優點予以讚賞，當事人便像心理學家所指，容易取得自主與羞恥的平衡(autonomy and shame)，達致健康的成長。相反，若身邊的人（通常是家長或同儕）殘酷地將他的弱點抖開來，加以嘲笑和攻擊，叫他無地自容，這勢必使他萬分羞恥，一生都抬不起頭。許多自卑、畏縮的人，就是活在這種過分的羞恥感之下。

事實上，人在孩童時期是相當無助的，也無法正確處理別人對自己的評價，加上在各方面未完全成長，難免力有不逮，若因此受到不合理的羞辱，對他是不公平的。

要找洞鑽的耳朵

中國人造字頗有見地，「恥」字是以「耳」字部首的，感到羞恥的時候，我們的耳朵會不受控制地紅起來，很容易給別人發現：「幹嗎，為什麼我會臉紅耳赤？」這可惡的紅耳朵，加深我們想逃避羞恥的誘因，巴不得可以找一個洞，把這對紅耳朵好好藏起來。

所以，覺得羞恥的時候，人容易把臉轉開，把頭垂下，為求避開別人的注意，恐怕自己被放在舞台的中央，無地自容。

同時，腦際出現的都是一些自貶的思想：「我真是無能，沒有人喜歡、可憐、不潔、一無是處！」

箇中的難受和尷尬，令感到羞恥的人渴望儘快逃離現場。可恨的是羞恥的感覺，有時候在獨處時也會出現，只要回憶起羞恥的事件，就足以使獨自一人的時候也可以臉紅耳赤呢！

觀眾眼中的榮與辱

當人在外面闖不出什麼成就時，他會說：「無面目見江東父老！」若略有所成，就說「光宗耀祖」；家人有羞恥的事件時，要緊的是「家醜不出外傳」。

父老、祖宗、外傳的對象都是人感到羞恥時幻想出來的觀眾。在中國人的社會裏，人的行為是受約制的，達不到某些條件，不單丟自己的臉，也是丟了整個宗族的臉。與一個人榮辱有關的羣體，就是感到羞恥的人的觀眾。我聽過一個媽媽對三歲的女兒說：「你吃東西這樣慢，你不快點吃，我就告訴姨姨婆婆們知道，看看她們『羞』不『羞』你！」

無疑，羞恥感能幫助我們考慮別人對自己的觀感，若不過分，它可成為人與人之間互相約制的動力。例如：為了避免羞恥，我們會整理衣裝才見人，不會隨便暴露。

然而，羞恥感最主要的觀眾還是自己，我們會抽身成為觀察者。這種透過自我觀察而有的自我省察（self-awareness），可說是羞恥感最有建設性的功能，使它成為鑒察自我的放大鏡。

鑒察自我的放大鏡

當羞恥感突然來訪的時候，會叫我們措手不及，不知如何面對。我們會猛然醒覺自己是怎樣的一個人，在感到羞恥的那一刻，整個人都被自我或自我的某一部分充塞着。有的以往從未察覺的實況，因着羞恥感而靈光一閃，像射燈一樣，把自己幽暗的角落照得光明。所以，有人說羞恥感是一位偉大的老師，教我們認識自己，也是直言的知己朋友，會坦誠地向我們指出那陷於一團糟的境況。

一位有名的運動家曾經這樣說：「那一天的羞恥感受，我永遠不會忘記。當我在省際賽事勝出時，我以為自己是世界上最偉大的賽跑選手。怎料在國際選拔賽中，我竟然沒有機會進入準決賽，當時羞愧得無地自容，不敢面對自己的隊友和教練。但現在回望，我慶幸那次失敗，否則，我不會認識到自己的渺小和限制，也就不知道要加倍努力。自此以後，我不再誇耀自己，只管盡己所能。」後來，他憑着努力，獲得不少獎牌。

對這位選手來說，當時的羞恥感就像放大鏡一樣，顯出他的驕傲和不足，雖然帶來不快，卻激起選手發憤圖強。

退縮，雪恥，做另一條好漢

在講求競爭、優勝劣敗的社會裏，我們要通過無數的考驗，才能在社會上與人爭一日之長短。

無疑，羞恥感主要源自發現自己落敗、被打倒，而這落敗暴露了自己技不如人的殘酷事實。在幼年時，我就有一個影響至深的羞恥經歷。

那一年，我只有五、六歲，就讀一間天台幼稚園。那時候復活節快到，老師選了幾位同學排舞，好準備参演慶祝復活節的節目。我也被選入排舞的行列，怎料練習不到兩三次，老師可能覺得我手腳不夠靈活，就把我攆出去。當時我感到十分失望和憤慨，在老羞成怒之下，把學校送的復活節蛋糕，狠狠地投進回家途中的坑渠裏。自此，我很抗拒跳舞，連土風舞都怕，總覺得自己跳舞時笨手笨腳。直至大專讀職業治療時，因社交舞是必修科目，是幫助病人康復的活動，我才硬着頭皮再跳舞。

羞恥感沒有好壞之分，重要的是我們怎樣回應這感受。有時，羞恥感叫人發憤圖強，但有時候也叫人退縮。面對跳舞帶來的羞恥感，我就以退縮作回應，多年後才重新面對它。有人則為了雪恥，窮一生去拚搏，誓要打倒對方才死心。我們不難在武俠小說中找到這樣的橋段，兩名武林高手對峙過招，刀光劍影下，其中一名高手被刺傷，刀劍落地。他若不被殺掉，總會這樣說：「你武功高超，我今日落敗，但你等着瞧，他朝我苦練絕技之後，必定再來比試，洗去今天的恥辱。」

羞恥感很多時候帶來怒氣。若怒氣沒有轉向自己而引致情緒低落，往往會化作一種幻想超越和打敗對方的力量，成為努力求勝的動力。

然而，有時候我會懷疑，為了爭一口氣窮一生去拚搏是否值得？我覺得所謂「又一條好漢」，應該是變成一個懂得作判斷的人，能判別何時減低競爭求勝的意向，何時將精力轉向更有建設性的事情上，又何時讓預期的羞恥感成為改善自己的動力，這才是情感成熟的好漢，也是最大的考驗。你或許聽過有人考六、七次公開考試仍鍥而不捨吧，我會問除了讀書以外，他就一無所長嗎？

朝向裏面的拉鏈

羞恥感除了是一面鑒察自我的放大鏡，能成為改善自己的動力外，也是一條朝向裏面的拉鏈。它能夠保護我們完整的自我（self-integrity），不致過分伸展和暴露，也能指出我們的脆弱和限制。當自我受到威脅的時候，羞恥感就像一條朝向裏面的拉鏈，提醒我們可以將拉鏈稍為拉緊，不讓自我被人隨意踐踏，又或提醒我們努力自強，減少再被攻擊的機會。所以，面對並超越羞恥感，可說是發展和保存完整自我身分的重要途徑。

最終，羞恥感教懂我們人生兩項重要的事情：第一，人人都是平等的。我們要謙卑，知道每個人都有自己的限制和脆弱的地方；第二，人人都有自主的能力。它指出我們的限制，我們就可以選擇不同的回應，經過努力不斷改進自己，最重要的是不以自己為恥。

不再以自己為恥

選擇一些經常令自己感到羞恥的事情，並回答以下的問題：

- 這種羞恥感告訴我有什麼不足的地方？

____

- 這些不足是否可以改變，還是因為過去一些挫敗，令自己不敢向前？

____

- 這些不足對我來說是否重要，若非常重要，我該怎樣改善自己的不足？

____

- 若這些不足是一些既成的事實，我是否願意接受人生的局限，在這些不能改變的事實中，找到一些正面的意義？

____

(二)罪咎感

真善美生活的嚮導

罪咎感的存在價值是為改變錯誤的行為，

不是為懲罰人。

它指向將來應如何，

不是只追悔過去。

人類尊貴的情操

人為萬物之靈，有別於禽獸。哲學家布伯（Martin Buber）說過，只有人能夠與他的環境，甚至自己保持一段距離。因此，他能抽離自己，以致不單能自省，甚至還能自我肯定和自我控訴。

有人稱羞恥感和罪咎感這兩種情緒為自我評估的情緒（emotion of self-assessment）。在上一節，我們提到羞恥感就像一面鑒察自我的放大鏡，這一節來談談人類尊貴的情操 —— 罪咎感。

心理學家研究情緒這課題時，喜歡將人與動物作比較，例如狗。我們看過狗發怒、恐懼，甚至情緒低落，偏偏在牠們身上找不到罪咎感，因為狗正缺少一種自我超越的能力（self-transcendence），更談不上什麼真善美。

有人形容有罪咎感的人好像被放在無形的審判席上，法官對他的罪行進行審訊，然後宣判他的罪狀，甚至施行刑罰，而這個可恨的法官正是他自己。這是人有別於禽獸的能力所在，也是人類比禽獸更痛苦的地方。

想隱藏但又渴望得到接納

我們往往能夠從人的面部表情辨認出眾多的情緒，如發怒時目露兇光、發愁時愁眉苦臉，卻無法辨認出人的罪咎情緒。當人感到內疚時，內心是非常活躍的。例如，開罪了朋友而感到內疚時，腦海中會不停浮現：「我的行為錯了嗎？他會有什麼反應？我該如何彌補這錯誤？我們日後的關係又會怎樣？」有時甚至無法控制這些思想，停不下來。所以，外表可能若無其事，內心卻波濤洶湧，正像啞子吃黃連，有罪咎感的人是有苦自知的。

若罪咎感持續而得不到適當的處理，內心便會處於複雜的矛盾狀況。錯事做了，既沒法改變事實，一是唯有儘量隱藏掩飾，要是沒有人知道，就可避免受罰和尷尬；一是向所得罪的人或團體坦誠認錯，對方若予以接納固然好，即使不接納，也可因為已受到應得的懲罰而心靈得解脫。

有一個經常滿臉愁容的青年，在童年時曾性侵犯妹妹，後來歸信基督，自覺從前的行為不對，於是常常在禱告中向神認罪，但罪咎感仍然除不掉，反倒更加苦惱。其後，他真誠地向妹妹認錯，交代童年的罪行，得到妹妹的寬恕後，如釋重負，再次抬起頭來做人。

可想而知，罪咎感如何深藏在人的心裏，而當事人又是多麼渴望得到別人公開的接納。

另一個難以辨認罪咎感的原因，是因為它很多時候會披上憤怒的外衣。罪咎感指出我們違反了標準，這很自然會造成內心一種拉力，怕被人家拒絕，於是以憤怒先發制人，怪責別人免於自己可能受責。例如，我們會說：「你最不該，為何不早點提醒我？你看，現在弄得一團糟，都是你的錯！」但有些時候，人會把憤怒轉向自己，對不能達到應有的標準而大感失望。

這樣隱藏的情緒，究竟在我們的生命中，扮演什麼角色？

感痛神經與罪咎神經

罪咎感就像身體的感痛神經系統（pain-sensing system）一樣。比方不小心割傷手指流血，流血是不可置辯的事實，叫人關注，傷口也會帶來痛的知覺，催迫人去處理它，因此，其他一切事情便須擱置一旁。痛楚會煩擾着你，直至你予以處理。

那告知人做錯了事的罪咎神經，一般被稱為良知或良心（conscience），藉着罪咎的情緒告訴我們內在的生命有問題，必須正視。罪咎感迫使我們留心痛處，要放下一切事情先去處理它。所以，有人稱它為「內心的痛楚」（pain in the mind）。但另一方面，它又能夠把人帶回好的感受，叫我們留意什麼事情應該做，什麼事情不應該做。

當我們認真面對罪咎感時，恐懼和焦慮是難免的。罪咎感叫人看到差勁的自我（worse self），那與一貫的良好自我形象剛好相反，因而叫人措手不及，大感驚愕：怎麼我會做出這種事情？這是我嗎？難怪也有人形容罪咎感是人不平復的內心的氣壓計（barometer of man's unsettled inner life）。

兵分三路的反應

人感到身體痛楚的時候，可以有三種不同的反應：第一，任由痛楚折磨自己，告訴自己「痛有應得」；第二，吃兩三粒止痛藥，消除痛楚，但這只屬治標不治本的方法；第三，也是最佳方法，就是找出痛的根源，徹底根治痛楚的成因，使痛楚不再出現。

以上三種反應同樣可應用在處理罪咎感方面。有人任罪咎感日夜煎熬自己，不能逃脫；有人鼓吹向罪咎感道別 (good-bye to guilt)，認為它只是自製的毒藥，叫人被過去的事情所捆鎖。也有人會好好利用罪咎感給他的提示，修正自己的行為操守，做錯了的事情，以後不再錯；開罪了他人，就設法與那人和好。

其實，精神病學告訴我們，太多或太少罪咎感都不好。太少罪咎感的人，被稱之為心理病態者 (psychopath)，他們通常是好爭吵毆鬥、反社會、無道德感的人，殺了人也可以毫無痛悔的心；太多罪咎感的人，嚴重的可成為執著強迫性神經官能症病者 (obsessive-compulsive)。這些人事事追求完美，心中很多「應該」、「不應該」的法條，抹殺一切自然地流露自己和享受人生的機會，經常落在「應該的暴政」(tyranny of the shoulds）的境況裏（心理學家卡倫霍妮〔Karen Horney〕的用語）。

依此看法，適量的罪咎感對人的心理健康有相當大的裨益，但為什麼有人甘於活在「應該的暴政」下？又有些人卻鼓吹與罪咎感斷絕關係呢？

在暴政下生活的好處

有些人甘心活在暴政下，因為得到一些好處。一篇名為〈罪咎感 —— 完成了什麼任務〉('Guilt feelings: What do they accomplish')的文章，總結了一些從罪咎感中得到的好處。人可以利用罪咎感進行持續違法的行為、奪取別人的同情、落入自我懲罰和保護自己免被他人的拒絕。比方：當我有罪咎感時，一方面我成為可憐的罪犯，另一方面我成為判罪的大法官。我為扮演尊貴的大法官而高興，那原本要被破壞的自我形象因此得以保存，就在可憐的罪犯被宣判的那一刻，那自卑的罪犯和超然的法官成為同一個人。既然我(大法官)已懲罰了罪犯(我)，別人不可以再管我了。我可以再犯錯，讓高尚的法官情操得以再呈現！

說得明白一點，罪咎感可以是一種自義的機會，難怪一些人很難逃脫這罪咎感的纏擾。

我曾輔導過一些年輕男子，他們對自己經常光顧色情場所感到困擾，雖然多番掙扎，但總不能擺脫性的引誘。我慣常要他們在我面前立約，以後不要再讓自己陷入罪中，我做他們的看守人。經驗告訴我，一旦他們在我面前承認這罪後，大都能勝過引誘。

一些私人的罪咎，若有人明白和看守，當事人自以為義的最後防衛就會瓦解，得承認自己不能獨力面對，就更有力量擺脫罪咎感的糾纏。最後，他們必定驚覺原來脫離暴政的生活，是更自由釋放、輕省快樂的。

不可靠的罪咎神經

鼓吹要向罪咎感道別的人，他們看到一個真確的事實，就是我們的罪咎神經（良知）很多時候都失準。有些人會對自己吹毛求疵，小題大做。例如，在安全的情況下，有人因匆忙而沒有依照交通燈的指示過馬路，就會為這小小的過錯內疚非常，也有人會為與他無關的事強出頭，說是自己的罪過，還有一些人持守很多過時的規條：不應這樣、不應那樣；應該這樣、應該那樣，困得自己動彈不得。如果我們探究罪的不同成因，有時會發現那是因人、因民族、因文化而異。有些文化認為吃豬肉有罪，有些認為吃牛肉有罪；有些覺得人應該以事業為首，有些卻反對重事業而忽略家庭。有罪沒罪，叫人摸不着頭腦。

原來人的良知是人類共通的天性，這天性是經過成長期父母的模塑而逐漸形成。父母的賞與罰、斥責與讚美，往往成為子女行為對錯的準則，日積月累，良知也逐漸從對一事件的準則，透過不斷的體驗與學習，演化為一套管理個人行為的系統。心理學家稱之為超我（superego），就是這一個內化了的自我評估系統。

當「我」做出了一些錯誤的行為，如傷害他人、犯法、行不義等，良知便扮演審判官宣判「我」有罪，內心隨即湧現出罪咎感。

然而，父母有他們自己的限制和成見，被他們的超我管束。他們的標準有的正確，但有的錯誤，亦有的過時。一個成熟的人一定要重新審核父母傳遞下來的「應該」是否真的應該，重新選取自己認為真善美的價值和原則來生活。這樣，就不必走到另一個極端，將罪咎感拒之門外。其實，只要我們能善加利用，罪咎感可以成為我們真善美生活的嚮導呢！

可靠的罪咎神經系統有三項特性：

- 它關注道德的內涵，不止是停留在外表的道貌岸然，為討人歡喜。

- 它是有彈性的，不會一成不變。有效的罪咎神經系統容許我們把犯錯的因素一一分析衡量，以致能誠實判斷自己應負的責任，把事情看得合乎中道。

- 它不會叫人過分自我怪責和審判。罪咎感的存在價值是為改變錯誤的行為，不是為懲罰人。它指向將來應如何，不是只追悔過去。

良心的鏡子要經常洗刷

要使罪咎感成為真善美生活的嚮導，就要加以善待它，不要跟它作對。若它引導我們向西，我們偏走向東；向南，我們偏走向北，它便會灰心，日子久了，甚至會放棄執行職務。

罪咎感也可比作良心的鏡子。這塊鏡子很奇妙，每當你走近它，都會看到自己臉上的污垢，若不趕快把污垢擦掉，污垢就會印在鏡子上，將鏡子弄髒。日子久了，良心的鏡子會模糊起來，失去反照的作用。唯有我們一發現臉上有污垢，立刻消除，良心的鏡子才得到洗刷。經常洗刷的鏡子才能保持它的功效。我們能鼓起道德的勇氣，提起刷子，回應鏡中自我的呼喚嗎？

量度罪咎感

情緒無好壞之分，但情緒是否合乎現實，我們卻可以學習去分辨。罪咎感就是特別需要我們細心分辨的情緒之一，過高或過低都是不健康的。

嘗試將自己於某事件引發出來的罪咎感放在下面的尺度上。

然後找幾位知己，將事情告之，參照他們的評分，看你的判斷是否合乎一般人的標準。

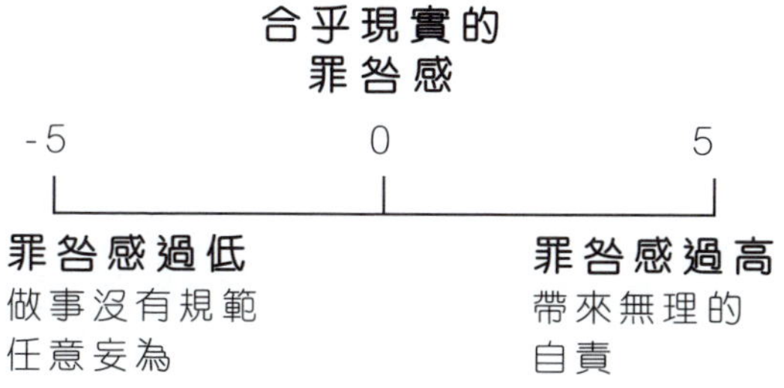

(三)恐懼
與你同航的夥伴

要成長就要離開熟悉的安全領域，

勇闖新的路徑。

沿路會有什麼事情發生是不能預測的，

因此當我們行使自己的自由，

踏進陌生的路徑時，恐懼是必然的。

還記得當你登山，經過懸崖時那份虛怯的感覺嗎？或者當你獨自一人，身處異地，四周那些陌生的臉孔，像是虎視耽耽的看着你時，內心忐忑不安的感覺嗎？又或者在深夜，你正趕着歸家，前面閃出一個黑影，你全身為之一震的感覺嗎？那就是恐懼了。

心理學家艾西（Carroll Izard）做過一項研究：在七個不同的國家中，訪問不同的人對不同情緒的態度，發現最多人害怕經歷的情緒就是恐懼，恐懼的記憶又往往會在我們的腦海停留較長時間。相信你一定仍記得童年時受驚的經歷，那景象仍栩栩如生，就像昨天發生的一樣。

我們覺得恐懼可怕的原因很簡單，因為恐懼是人感到安全受到威脅而產生的情緒。走過懸崖、身處陌生環境，甚或深夜裏的黑影都會帶來恐懼，因為這三種情況都讓我們感到生命受威脅，因而產生不安。

恐懼是生命的保護者

少年時代，我家附近是公共屋邨，當時那一區的治安很不理想，經常有「飛仔」集結在球場或樓梯間。一個晚上，我行經七層大廈，被三、四名「飛仔」推入梯間，以黑社會的術語盤問我，又要我給他們錢。我把褲袋裏僅有的五角錢給了他們，他們給我一番警告後才讓我走。我還記得離開時那份恐懼，心臟急劇地跳動，滿口都是淡淡的口水。自此，每當我走過這些大廈的梯間，都會特別警覺，甚至繞道避開一些黑暗的角落。對樣貌和形態像「飛仔」的人，更是避之則吉。

在我長大後，有一個晚上，我走在九龍塘區的街道上，迎面而來三四名大漢，我趕緊繞道而行。當我急步離開時就發現他們想追我，幸好我快走一步，逃過危險。

雖然很多人都害怕經歷恐懼，但是它卻扮演保護我們生命安全的角色，就像一個警鐘。當我們遇到危險時，就在身體內響起警號，使我們提高警覺。當人恐懼的時候，身體機能會起變化，心跳會加速，叫人隨時作出反應。

但很奇妙，恐懼時人可以有兩種截然不同的反應，心理學稱之為 freeze and flee（不能動彈和沒命奔逃）。有時候，恐懼會使人因戰慄而不能動彈，落入無助的呆立狀態，但有時候，卻使人摒棄一切思想和行動，只顧奔逃，離開引起恐懼的處境。人類學家告訴我們「不能動彈和沒命奔逃」兩者都有保護作用。我們大都能了解「三十六着，走為上着」，但「不能動彈」又怎樣起保護作用呢？原來在動物世界裏，肉食的掠奪性動物，特別喜歡捕捉走動的動物。所以，不能動彈的恐懼反應，反而能避開肉食動物的注意，因而逃過大難。我們人類也有這種動物本能啊！

恐懼是生命的鞭策者

有一個人要出外旅行，他叫僕人來，把產業交給他們。按照他們的才幹，一個給了五千塊錢，一個給了兩千，一個給了一千，然後動身走了。那領五千塊錢的，立刻出去做生意，也賺了五千；同樣，那領兩千塊錢的，也賺了兩千；可是那領一千塊錢的，卻在地上挖了一個洞，把錢埋起來。

過了許久，主人回來了，跟他們結帳。那領五千塊錢的進來，帶來了另外的五千，說：「主人，你給我五千塊錢，你看，我又賺了五千。」主人說：「很好，你這又好又可靠的僕人！你在小數目上可靠，我要委託你經管大數目。進來跟我一同歡樂吧！」那領兩千塊錢的進來，說：「主人，你給我兩千塊錢，你看，我又賺了兩千。」主人說：「很好，你這又好又可靠的僕人，你在小數目上可靠，我要委託你經管大數目。進來跟我一同歡樂吧！」這時候，那領一千塊錢的僕人也進來，說：「主人，我知道你是個嚴厲的人。你在沒有栽種的地方也要收割，沒有撒種的地方也要收聚；我心裏害怕，所以把你的錢埋在地下。請看，你的錢就在這裏。」他的主人說：「你這又壞又懶的僕人！你既然知道我在沒有栽種的地方也要收割，沒有撒種的地方也要收聚，你就該把我的錢存入銀行，等我回來的時候，可以連本帶利一起收回。你們把他的錢拿過來，給那個有一萬塊錢的。因為那已經有的，要給他更多，讓他豐富有餘；而那沒有的，連他所有的一點點也要奪走。至於這個無用的僕人，把他趕到外面的黑暗裏去；在那裏，他要痛悔哀哭。」(參考《聖經·馬太福音》25 章 14 至 30 節)

這個故事彷彿道出人生一個重要的原則：當盡己所能運用本身的才幹，才幹就會不斷增加。若像第三個僕人一樣，覺得生命好像一個嚴厲的主人，心裏懼怕，把自己的才幹埋沒，至終在生命結算的日子，就要懊悔和痛哭了。

當我們愈年長，所恐懼的事情都會隨之改變。對大多數人來說，為生命的安危而產生恐懼的次數會比較少，比較普遍的恐懼多與自我形象、自尊或能否達到自己的理想目標等等有關。

有很多人走過一段人生路後，會開始對自己的生活感到不滿。他們可能會感到生活枯燥，缺乏新挑戰，渴望生命有所突破，但在抉擇前路時，卻又感到恐懼。前進與後退之間，尋求實現自我與停留在安逸之間，不知如何抉擇，心情就像鐘擺一般，兩端擺盪。

事實上，我們若要在生命中有所突破，先要衝破各式各樣的阻力。因此，若找到生命的意義和自我的完全，需要鼓起勇氣，向前邁進，才有所作為的。

恐懼是和自由與成長緊緊扣在一起的。要成長就要離開熟悉的安全領域，勇闖新的路徑。沿路有什麼事情發生是不能預測的，因此當我們行使自己的自由，踏進陌生的路徑時，恐懼是必然的。逃避恐懼唯一的方法，是不踏上成長的路徑，但這同時也扼殺了我們的自由。

有人把人生比作航行。當人遇上生活艱難的時候，就像船隻遇上風暴一樣，需要有避風塘讓船隻泊岸、歇息和重新整頓。船隻是為航行而造的，起航至發現新大陸之間，船隻一定要忍受長時間看不到陸地，當中的恐懼是必然存在的。所以，我稱恐懼是與人一同起航的夥伴，是生命的鞭策者。

事實上，在我們向前邁進、成長的時候，總會遇到大大小小的挑戰，要求我們在恐懼中前行的，如羞怯的人要面對羣眾演講、放下工作多年的主婦要重投社會、對外語能力沒有信心的人要去外地生活，又或是事業穩定的中年人離開本行踏入另一個工作領域等等。這大大小小的挑戰要求人以相當的勇氣應付，但很多人卻被恐懼擊敗，不能動彈，甚至退縮，像故事中第三個僕人一樣。究竟是什麼東西攔阻人勇敢面對恐懼這個伴隨成長的夥伴呢？

整個社會的氣候和家庭的管教，都鼓勵人要安分守己，行事為人要小心謹慎。父母總是把子女置在自己的視線範圍內才覺安心，彷彿子女走遠一點點都會有危險。父母像是告訴我們：「你要這樣冒險嗎？外面有很多風險的，我怕你應付不來，你為何不可以安於本分？你現在不是很好嗎？」

此外，我們也會為自己的恐懼而感到尷尬，特別是男孩子，在懼怕時，總害怕別人取笑他們為「無膽鬼」。慢慢男孩子學會把恐懼收藏起來，甚至根本不讓它有機會出現，但怎料這樣一來，連成長的挑戰也一起扼殺了。

還有一個錯誤的想法，就是以為不正面面對恐懼，它會自然消失。其實，習慣不去面對恐懼，反而會養成對恐懼更敏感，更容易落在恐懼的陰影下。我們滿以為自己有安全感，卻不知道它不在自己掌握之中。不正視恐懼似乎是有利，諸如不必面對行動帶來的後果，不必切實地承擔起前進的責任，但實際上極可能會帶來更大的恐懼，使我們對生命抱怨。像第三位僕人一樣，只顧怪責主人的嚴厲，卻看不到他的慷慨與和善。若照這故事的邏輯去推論，拿二千的賺到二千，拿五千的賺到五千，第三位僕人其實也有能力可賺到一千，一共便有二千了，運用下去，就會倍增又倍增。有時候，因自卑或自覺不如人而裹足不前，只會造成惡性循環，無法成長。

那麼，我們應怎樣面對成長伴隨而來的恐懼？

看恐懼為夥伴

Peter是一位電腦從業員，快三十歲了，自工業學院畢業後，一直都從事電腦行業，至今已有七、八年了。從打工到創業，Peter所走的路都非常順利。他對高科技產品尤其有興趣，是名符其實的電腦發燒友。一天二十四小時，除了睡覺以外，他都是與電腦為伴。他的電腦生意蒸蒸日上，很快就儲了不少積蓄。

不料，去年跟一合夥人拆夥以後，他因為沒有足夠的電腦學問作基礎，加上人才輩出，競爭激烈，轉眼間生意一落千丈，一星期只工作三、四天。這叫他感到十分徬徨，情緒極度低落。

眼看生意一日不如一日，Peter恐懼非常，經過一段時間的輔導後，他理出這次失敗的原因，然後探索前面可行的路向。大半年過去，他的生意依然沒有好轉，他考慮轉行卻不知道能否勝任；至於繼續進修，謀求他日東山復出，但又害怕幾年後這行業會有很大的變化；如要繼續現有的生意，卻又缺乏當年的自信。總之，進退維谷，不知如何是好，他又經常跟別人比較，跟自己昔日的光輝比較。就這樣，日子飛逝，他仍是原地踏步。

當人要面對前路的抉擇，無疑需要一些時間思考的，但左思右想太久，只會增加內心的恐懼。其實，只要我們能當機立斷作出抉擇，讓恐懼成為旅途的夥伴，該能闖出一條新路。以下是幾個面對改變的重點思想：

看生命為冒險的旅程

不要抱怨環境，也不要責怪自己。要看生命為充滿冒險和刺激的旅程（adventure）。若經常覺得自己是生命旅程的失敗者，便無法建立一份希冀和勇氣，回應每個冒險前進的機會了。

明白正視恐懼是唯一的方法

逃避並不是處理恐懼的好方法，唯有坐下來面對它，把內心的恐懼仔細地說出（這並不是一件羞恥的事，每個人都有不同的恐懼），才會知道哪些恐懼是合理的，哪些是非理性的；哪些事情是我們能控制的，哪些是我們無法控制的。這樣一來，知道了什麼使我們停滯不前，對它有了更清晰的認識，恐懼自會減少，並能對症下藥，找出面對它的方法。

明白世上沒有絕對的失敗

失敗乃成功之母。世上沒有絕對的失敗，有行動就自然有結果，結果只是反映我們所作的能否達到心中的目標而已。某一項行動失敗了，我們就知道這行動行不通，可自由再選擇另一個行動。有人更打趣地說：「成功有其失敗的地方，就是它沒有教曉人什麼，只增加人對自己的迷信。」很多人因怕做錯決定而裹足不前，其實在邁向目標的過程中，我們都要通過不斷的行動、失敗，再校正方向達致目標。

羅斯福總統有一句名言："The worst thing we have to fear is fear itself."（最差勁的事是我們害怕「恐懼」本身。）既然知道恐懼是我們起航、邁向新領域必然有的情緒，就學習接納它成為好夥伴吧。雖然它令人通身不舒暢，卻不失為保護者和鞭策者。有一本書的名字是 *Feel the Fear and Do It Anyway*，就讓我們去感受恐懼，只管向前邁進。吸一口氣，起航吧！

踏出自我

找一項你想突破自我的挑戰，並嘗試回答以下問題：

- 要冒這個險，有什麼吸引我的地方？我會得到什麼益處？

____

- 這冒險有什麼可怕之處？有什麼阻礙我接受這挑戰？若不接受這挑戰，我要付上什麼代價？

____

- 我若要冒險踏出安舒區，最壞的結果會是什麼？

____

- 若不幸的結果出現，我會如何面對？

____

- 踏出安舒區之前，需要什麼資訊？

____

- 誰會支持我？

____

- 我可以做什麼減低風險，不致沒有回頭路？

____

- 若我將這冒險性的挑戰，化作不同的小步驟，第一步是什麼？何時能踏出第一步？第二步是什麼？我如何按部就班地前進？

____

- 若完成了這項挑戰，如何評估這次的行動？是否如我所期望？

____

最後，請為你的成功而慶祝，給自己一些獎賞。

（四）憤怒

你和鄰舍的守護者

尊嚴與公平是人與人之間必須互相尊重的準則，

憤怒的情緒好比防守這重要關口的將軍，

它可以激發人避開「殺傷者」，努力自保。

我們在地鐵上經常會看到有人因擠碰而發生口角，甚至大打出手。那被碰撞的人，反應小則怒目一瞪，大則用粗言穢語「問候」對方。這都源於自覺私人空間、範疇被人侵佔或攻擊，於是像要向對方提出警告：「你已經過了界限！」若這一方覺得那一方反應過度，自己受到無理或不公平的攻擊時，往往又會回贈幾句，火上澆油，結果兩人勢必揮拳相向，動武起來。

憤怒是當我們自覺受到攻擊、傷害或不公平對待時，情緒上所發出的信號，叫我們小心防範，而藉着憤怒所發出的身體語言，如臉紅耳赤、橫眉怒目、牙關緊咬等，能叫那侵略者不敢造次。倘若他仍不知趣，定必遭受嚴懲。這是人情緒上的本能，就是刺蝟、貓或狗受到外來威脅時，都會憤怒地豎起毛(或刺)，或齜牙咧嘴。至於什麼情況會對什麼人構成威脅，那是一個頗主觀的問題，因人而異，但通常有幾種情況是很容易惹起怒氣的，那就是痛楚、身心受束縛或受到不公平的對待。

憤怒的特質

身體的環境先鋒

身體若因環境或疾病的緣故產生痛楚或不適，往往會令當事人脾氣暴躁，嚴重的甚至會觸發攻擊性的行為，就是嬰孩，也會因冷熱、飢餓、病痛引起的不適而大哭大鬧。當他們哭叫時，往往皺眉瞪眼，愈叫愈響，彷彿要盡情發洩身體不適所引起的煩躁和憤怒。待需要得到滿足，不適得到舒緩後，他們的情緒才會平復過來。

一般來說，環境長期令人不舒暢，如過冷、過熱、擁擠、嘈吵、污穢等，都足以叫人內心產生不快，直接觸發憤怒的情緒，使人立時警覺，要想辦法舒緩這不安的感覺。

束縛的壓力計

當你乘巴士趕着上班，而路面突然因車禍而交通受阻，儘管你脾氣甚好，總不免心中焦急。若有重要的會議或約會等着你，眼見車龍動也不動，相信你就算不當場發作，心中也可能暗暗咒罵那不小心駕駛的司機，害你上班遲到。

或者，當你在家中聚精會神地上網時，母親卻不識趣地不停地問這問那，相信你內心必生惱怒，不過由於對方是母親，不便發作罷了。

當人朝着目標進發，而在過程中受阻或被制止時，最容易會產生憤怒。憤怒的程度往往與當事人所重視或投入的程度成正比，也視乎阻礙他成事的束縛力有多大。若他對事情並非十分重視，如只是出席無關重要的應酬約會、閒暇活動等，他會比較容易接受阻滯。若當事人十分重視某件事情，而外來的阻力又十分強大的話，他在怒氣之下，就很容易出現壓迫力愈大，反抗力愈強的心態。不少離家出走的個案，都是這種張力下的悲劇。

憤怒是我們衡量這種張力的壓力計，張力一旦過猛，當事人便要採取有效措施來減壓，否則極可能會因極度憤怒而作出過激的行為，傷害自己或別人。

個人尊嚴和權利的守護者

在球場上的運動員，常要面對雙方一攻一守時所發生的碰撞和攔截。運動員勇戰受傷，雖然痛至倒地呻吟，但也熬得住。然而，若自覺受傷是因對方太「茅」或故意攻擊，便會引起強烈的憤怒，間中也作勢要還擊對方，如隊友替他不值加入戰圈，混亂便由此造成。

這種憤怒的反應，主要由於當事人自覺受到不公平的對待或傷害，又或作為旁人的看不過眼當前的狀況，激起「義憤」仗義出頭，往往釀成一發不可收拾的局面。

其實，尊嚴與公平是人與人之間必須互相尊重的準則，否則便容易形成弱肉強食、互相踐踏和傷害的局面。憤怒的情緒表面看來雖然嚇人，卻是為我們防守這重要關口的將軍，否則心靈有被傷害至體無完膚的危險。憤怒的情緒可以激發人避開「殺傷者」，而且在忍無可忍的情況下，也可激動我們去自保，以免受創更深。這位將軍不單照顧我們，同時也照顧我們所關心的人；若他們受傷，這將軍也會激起我們怒吼，抱打不平，制止惡行。不少為民請命的行動就是這方面的好例子。

然而，人通常不大歡迎憤怒的情緒，害怕它那攻擊性和容易失控的一面。因此，這守護者必須有良好的紀律訓練，以致它能有一套公平合理的準則去衡量當前形勢，引導我們就所受的攻擊或威脅作出適當的反應。若它反應遲鈍，我們便會屢受傷害而陷於沮喪中；若它反應過敏，我們又會成為刺蝟般叫人不敢接近，甚至胡亂動武傷人。

鎮怒五部曲

偉強對於女友近日只顧埋首工作，忽略了他而感到不滿。終於有次一起晚飯的時候，女友問：「你最近好嗎？」偉強在「你終於肯問候一下我了……」那份悻悻然的驅使下，沒有選擇好好地回答（responsive），而是冷冷地反應（reactive）：「你說呢？」他倆的對話便因此僵住了。

每個人都有不滿的情緒，尤其生活在人際關係複雜、充滿壓力的大都會，隨時都會出現叫人生氣的事，教人忿忿不平。

當一個人拳頭緊握時，自然無法清楚思考，所以生氣時想到的說話，最好吞回肚子裏。人世間最惡毒、粗鄙、最不留情面的說話往往是在最怒不可遏之際衝口而出的，造成人與人之間難以挽回的傷害！

你有為自己說過的話感到後悔嗎？相信每一個對自己誠實的人也會答「有」！

鎮怒五部曲

由於宣洩憤怒的方法常帶有攻擊、報復性，如何避免在氣上心頭時傷害別人呢？以下是一些建議：

一、保持鎮定，莫衝動

可作深呼吸，提醒自己儘量放鬆，由一數到十。又或暫時離開衝突現場，稍後找人傾訴內心的悶氣。

二、對事不對人

避免謾罵或咒詛對方，切勿說出侮辱性的說話，只針對事情，而不針對人。

三、運動減壓良方

生氣、擔憂或受壓時，運動能助你揮發這些情緒所產生的消耗性能量，也能讓較多的血液和氧氣充灌腦部，有助思考更敏捷。有規律性的運動更能助人集中注意力。

四、發怒強化憤怒

近年愈來愈多聲音鼓勵人不要壓抑怒氣，給人一種錯覺以為藉發怒可以淨化或擺脫憤怒，但研究顯示，發怒只會強化憤怒，而習慣性動怒更會導致心臟病、高血壓、高膽固醇、腸胃病、頭痛、抵抗力薄弱等。

五、追蹤憤怒情緒

用一本筆記簿，把每一次發怒的原因、自己的反應和過程都記載下來。當你持之以恆，定期檢視，將察覺自己有某些個人盲點或偏執。

「忍一時風平浪靜，退一步海闊天空」，熟習以上五部曲，就不會為發怒傷人而懊悔了。

積存憤怒的代價

人隨着成長與受教育，會採取不同的方式表達他的憤怒。孩童時的表達通常較直接和快速，沒有太多的掩飾和約制；隨年紀漸長，知道隨時隨地表達和發洩憤怒並不受人歡迎，於是學會抑制和隱藏自己的怒氣，以免在言語行為上做出攻擊甚至傷害別人的事情。這樣的自律本是好的。然而，憤怒單靠壓抑只可以暫時收效，時間久了，真正受傷害的反而是自己。

如果所惱怒的對象是一般道德上不容許自己惱怒的人時，例如對神或對父母懷怒，往往會害怕表達和承認，又或人因恐防朋友知道自己憤怒而破壞了友情，便會持續將一股憤怒藏在心裏。若將怒氣長期壓抑，慢慢地身心健康也會受影響。極度壓抑憤怒的人，通常都有頭痛、胃痛與緊張等毛病。在情緒方面，也會顯得煩躁敏感，另外有一些人甚至可能會變得情緒低落和沮喪。更難應付的，是那些表面看來若無其事、沒有什麼脾氣的人；但若與他們交往多了，定會感到一股無形的壓迫感，因為在他們的日常言談間，經常都帶着貶抑、嘲諷和挑剔，使人有一種不安全的感覺。久而久之，他們的朋友不自覺地對他們敬而遠之，以免受「傷」。

胸懷憤怒的人，內心是不快樂的，也往往令身邊的人不快樂。除非他能勇敢地面對自己的憤怒，透過反省和疏導，得到適當的處理，才不致自傷及傷人。

處理怒氣的步驟

處理怒氣第一步是要尊重它，承認它的存在，然後嘗試找出憤怒的原因。可以問自己以下的問題：什麼令我生氣？為何我會這樣？我是否全面了解真相？惹我生氣的人是蓄意的，還是無心之失？這些問題可幫助你更清楚憤怒背後的原因。如發現有誤會或主觀的情況，便要誠實公平地重新評估，以免一面倒地怪責別人。若仍有疑問，可找一位認識你和較成熟客觀的朋友談談，抒發情緒之餘，也可從中得到較中肯的看法。若反省過後，仍覺得是對方的錯失，便要學習真正的饒恕，不要將自己幽禁在怨恨的牢獄中。

《聖經》指出「生氣卻不要犯罪；不可含怒到日落」，可作為我們處理憤怒的座右銘，提醒我們接納自己生氣的同時，要約束自己不去報復傷人，也不讓自己長久懷恨。因為及早處理，可避免讓憤怒腐蝕生命。

誠然，人若被傷害後得到那侵害者的道歉，會較容易原諒對方，怒氣也不難平復下來。但假使對方沒有對過失作適當的交待，這時只有一個辦法可以消除我們的怒氣，就是單方面饒恕對方。這對許多人來說是極困難的事，以致不少人長期活在怨恨的苦惱中。其實，饒恕人最大的得益者既是對方又是自己，因為被饒恕者固然卸下了內疚的重擔，饒恕人的也可以擺脫仇恨的束縛，同樣帶來心靈的釋放。當然，要這樣饒恕別人是必須謙卑和勇敢，我相信若有神的愛作動力，人才容易去饒恕。

只要讓憤怒這位忠誠的守護者接受嚴格的訓練，用反省和正確的道德標準勤加操練，便可以成為個人尊嚴和權利的優秀守護者了。

清除怒氣

請找出你心中仍存着的憤怒，然後按指示檢視，把怒氣清除。

一、憤怒的對象：________________

二、引發憤怒的原因：

- 他作了什麼？

____

- 我當時的感覺、反應如何？

____

- 我為什麼有這樣的感覺、反應？

____

三、對方的處境：

- 他為什麼那樣做？

____

- 他是有意抑或無意？

____

- 有值得體諒他的地方嗎？

____

四、我選擇的反應：

- 我重視與對方的關係嗎？

____

- 我的責任在哪裏？

____

- 我選擇原諒、一笑置之抑或解決？

____

- 我的選擇會遇到障礙嗎？應怎樣處理？

____

（五）哀傷

曾經愛過的證據

人生往往充滿許多的矛盾。

沒有哀傷，便無從顯出人與人之間深摯的愛；

也唯有在失去時感到哀傷，

才可以證明你曾經深愛過。

從否認到接納，從哀慟到受安慰

一位母親的少年幼子於數月前不幸意外逝世，雖然事隔一段日子，但她仍是極度傷痛，經常想念着去世兒子生前的一言一動。晚上睡覺也要抱着他的相片，並且睡得不好；日間的工作和生活也顯得沉重，人變得沉默，神情呆滯，胃口大減，間中想起往事就潸然涕下。

生離死別雖是人生必經的階段，但每當人失去至愛的親朋，總不免感到哀傷。人要面對與親愛的人永別，內心自然充滿着失喪、孤單、惋惜和悲痛的感受，一時間是不容易消除的。若如上述「白頭人送黑頭人」的情況，悲傷之外還夾雜了絕望，因為那母親對幼子一切的殷切期望，都在一剎那間被死亡奪去。其實，除了至愛離世，人倘若因離婚、退休、移民、搬遷、子女結婚或升學等「失去」了他所珍惜的人、物件和生活，也會經歷不同程度的哀傷失落感。每逢哀傷的情緒出現，都意味着你已失去了所心愛的，毋怪沒有人喜歡它的出現。

哀傷通常與死亡或喪失有着一定的關係，人因害怕面對死亡而往往迴避哀傷。西方國家的殯儀館裏外的設計與佈置都柔和舒適，擺設得好像一般的社區中心或家庭裏的大廳一樣。此外，又用許多鮮花和燈火營造自然的氣氛，辦事員也故意不穿制服；棺木、墳場等也都裝飾得堂皇瑰麗，這一切都好像表示死亡是極美的事。

著名的伊麗莎白庫伯勒羅斯醫生（Dr. Elizabeth Kubler-Ross）就曾對數以百計瀕臨死亡的病人作過研究，發覺病人面對死亡威脅的第一個反應往往是極力否認，而且不單是病人，連他們的親屬也一樣。不少絕症中的病人和他們的家屬，千方百計尋求秘方和名師，可說是抗拒死亡的表現。

不論病人或其家人，由起初否認死亡到接納它為事實，須經歷一個頗長的過程，這過程有多長，極在乎當事人怎樣處理內心的傷痛情緒，也視乎死亡是逐步逼近抑或突然臨到。像前述那位母親所經歷的，年邁喪子和事出突然可說是雙重的打擊，毋怪她歷時數月仍在悲痛的漩渦中，加上她認定與兒子將永遠地分離，難望有再相見的一日，那喪失的感覺自是更強烈。而她身邊的家人可能恐怕她悲傷過度，大多勸她節哀順變，不許她接觸愛兒生前的物件，避免與她提及死者，那原是出於關懷之情，但卻叫她更不容易走出哀傷。人的哀傷要抒發，才容易逐步達致平靜與安慰，若將哀傷的情緒壓抑在心頭，得不到宣洩，反而會令當事人長期陷於情緒低落，拖長了復原的時間，那位母親的情況正是如此。

另一個重要的因素，是當事人心中是否仍有盼望。不少年邁喪子喪女的例子，那些面對子女盛年而逝的父母，雖然都經歷極度哀痛的日子。然而，由於他們心中持有一個信念，知道死亡的分隔只屬暫時，至終仍有再相聚的一天（例如在天堂裏），就比較容易接納親人的逝去，儘管仍有哀悼懷念，也比較容易恢復過來。

從前的喪禮其中有一個安排，我覺得是非常有意思的。年幼時我參加過一些喪禮，在舉行特別的儀節如大殮或出殯時，親屬中年紀較長的一位阿嬸，定會坐在喪家親屬旁邊放聲痛哭，間中還呼天搶地，比喪家還要哀慟。後來我才知道那是着意安排的，好使死者的家人受到感染而盡情哀哭，儘量把心中的哀傷抒發出來，不致壓抑在心裏。原來那正是輔導過程中常見的一項治療方法 —— 情緒的宣洩，這對當事人是很有效的。

極度傷心的人，若能釋放自己盡情哀慟，慢慢就會對喪親的事實從否認轉變為接納了。他們也必須有了這種接納，內心才可以得到真正的安慰。

從難捨到放下

不願意說再見的人，就像一個小孩子，手執着玩具不放，一日他不願意放手，他就沒有辦法承接另一個新的玩具，這是人生的韻律。執著有時，放手有時；歡樂有時，哀慟有時；聚合有時，分離有時；say hello 有時，say goodbye 有時。

分離有很多種，一些是好友移民遠去；一些是愛人與自己分手，還有的是親朋因病或意外去世等。面對分離，有人會壓抑自己的情緒，過着慣常的生活，沒有人能察覺他的悲傷；也有一些人，因為愛之深，分離就有如刀割，彷彿自己生命的一部分也一同逝去，有時候甚至因哀傷過度而茶飯不思、落入情緒的極度低潮。

無論情緒反應的程度有多大差距，分離與隨之而來的哀傷是必然的過程。從起初抗拒與否認分離這事實，及至因無法扭轉事實而憤怒，憤怒過後跌入情緒的低谷，慢慢開始接受現實，而重新進入正常的生活。這是每段分離的感情必經的歷程，我們若知道這是一個正常的過程，就不會對自己的反應太過敏感，甚至壓抑，反而懂得讓情緒自然宣洩出來。

在整個哀悼過程中，最困難的是在感情上放下逝去的親人，雖然仍深愛着對方，卻可以接納他的離開，甚至在心裏與他說再見，內心感受到一種釋然的平安（readiness and peace)，不再執著於對方的停留，對過去那一段關係只是懷念而不是留戀。

如雙方都能放開心懷，讓垂死的親人進入自由平靜的境界，彼此不再執著於感情上的依戀，就能夠讓死亡自然地來到，自然地將兩者隔開。這就像在碼頭送別時，起初雙方分別站在船上和岸上，各握着絲帶的一端，隨着輪船的開航，雙方的距離漸遠，只得鬆開緊握絲帶的手，讓對方遠去。雖然彼此含着離別的淚水，但雙方卻是不斷地揮手祝福對方，那是何等美麗的一幅圖畫。

回想家父在彌留之際，雖然不能說話，但精神依然很好，他睜着雙眼逐一凝視家人，依依不捨，好像也感覺到時間不多了。霎時間，我彷彿與他心靈互通，於是握着他的手，俯身在他耳邊說了好幾句話；大意是說我明白他實在捨不得兒孫，告訴他兒孫的數目，並請他放心，兒女都會好好照顧他們和母親的。他聽着，一大顆淚珠從眼角慢慢滑下來，我知道他已聽進心裏了。果然，當天晚上父親便靜悄悄地安然回天家。

父親去世至今已經多年了，但當時的景象仍仿如昨日。短短的幾句話，我讓父親知道，兒女容許他放下眾人離去，而兒女也已預備放下他。有時候在這種時刻，彼此要從不捨到互相容許對方離開，實在是像跨欄一樣，心靈衝破了難關，就是向前跨越了一大步。

關係親切的證據

我第一次經歷死亡的事件，是小學三年級那年。當時外婆已病了好一段日子，身體日見衰弱。一天放學回家，媽媽眼睛紅紅地告訴我外婆剛去世了。現在回憶自己當時的感覺，那時候似乎沒有太強烈的情緒反應，只感到胸口湧起一股翳悶而又帶點麻木的感覺；自己以為快要哭了，卻又哭不出來。腦海裏冒起許多凌亂的片段，都是關於與外婆相親的回憶，同時夾雜着一些猜想，猜想外婆死時的模樣。整個下午，家中的成年人都很忙亂，而我則在晚上臨睡前才掉下第一顆眼淚。

老實說，那經歷絕不好受，因為在眾多孫兒中，外婆最疼我。記得那時候電冰箱仍未流行，她經常用一個闊口玻璃瓶留着糖果、糕點等，待我探望她時才悄悄地拿給我吃（免得被其他孫兒看到了會吃乾醋）。有時候糕點實在擺放得太久了，很難吃，我就只吃一口，偷偷地丟掉剩餘的，免得她看到會難過。外婆去世後那段日子，我感到內心甚苦；喪事過後有好幾個月，我在上課時都會癡癡地在想她。好些過去與她在一起的情景，到今天雖人到中年，卻仍歷歷在目。

哀傷的情緒雖然令人不好受，但哀傷的程度通常可以反映雙方的親密程度。你愈愛他，當他離去時便愈感到哀傷和失落。因此，哀傷可說是親密的指標。很難想像面對摯愛去世，人仍可以無動於衷。

另外，哀悼往往可以加強親屬之間的聯繫。在這個時刻，大家有了共同愛的對象（那逝世的親人），在一同哀悼的時候，距離自然會拉近，加深了彼此之間的親切感。有些不常接觸的親屬，也可能會因為經過了這個哀悼的時期後，關係更密切。

人生往往就是充滿許多的矛盾。沒有哀傷，就無從顯出人與人之間深摯的愛，也唯有在失去時感到哀傷，才可以證明你曾經深愛過。

給我心愛的

請寫一封信給你所失去的、最心愛的人或物，充分表達你的情意，然後與對方正式說再見道別，並分享你對未來日子的決定和計劃。

參考書目

丹尼爾高曼（Daniel Goleman）著，張美惠譯（1996）。《EQ》。台北：時報文化。

東狄克梅爾、蓋瑞麥凱（Dinkmeyer Don & Gary D. Mckay）著，賴惠辛譯（1996）。《做情緒的主人》。台北：雅音出版。

哈克（Paul Hauck）著，黎亮吟、劉兆明譯（1985）。《心平氣和之道——如何避免生氣》。台北：張老師出版社。

威廉貝克士、瑪麗夏萍（William D. Backus & Marie Chapian）著，林麗雪譯（1983）。《正本清源話情緒》。台北：大光傳播。

保羅史托茲（Paul G. Stoltz）著，莊安祺譯（1997）。《AQ：逆境商數》。台北：時報文化。

夏雅博（Archibald D. Hart）著，曾彩霞譯（1996）。《解開情緒之謎》。香港：浸信會出版社。

麥高登（Gordon MacDonald）著，吳李金麗譯（1988）。《心意更新——如何調整內心生活》。香港：福音證主協會。

李兆康、區祥江（1993）。《流露真我——與情緒共起伏》。香港：突破出版社。

沈淑文（2009）。《無嫉而愛》。香港：突破出版社。

梁若芊（1996）。《跳出思想框框：現代健康心理》。香港：零至壹。

區祥江（2014）。《化解婚姻中的 13 種危機》。香港：突破出版社。

關袁添（1994）。《壓力鬆一鬆》。香港：突破出版社。

蘇劉君玉（1993）。《處理情緒》。香港：學生福音團契出版社。

蘇劉君玉（1996）。《處理壓力》。香港：學生福音團契出版社。

Fossum, Merle A. & Marilyn J. Mason(1986). *Facing Shame: Families in Recovery*. New York: W. W. Norton & Company.

Goleman, Daniel(1998). *Working with Emotional Intelligence*. New York: Bantam Books.

McMinn, Mark R.(1996). *Making the Best of Stress: How Life's Hassles Can Form the Fruit of the Spirit*. Downers Grove, Illinois: InterVarsity Press.

Orbach, Susie(1994). *What's Really Going on Here?: Making Sense of our Emotional Lives*. London: Virago Press.

Potter-Efron, Ronald & Patricia Potter-Efron(1989). *Letting Go of Shame: Understanding How Shame Affects Your Life*. New York: Hazelden.

Rubin, Theodore I.(1993). *The Angry Book*. New York: Collier Books.

Segal, Jeanne S.(1997). *Raising Your Emotional Intelligence: A Hands-on Program for Harnessing the Power of Your Instincts and Emotions*. New York: Holt Paperbacks.

Tavris, Carol(1989). *Anger: The Misunderstood Emotion*. New York: A Touchstone Book.

Wechsler, Harlan J.(1990). *What's So Bad About Guilt?: Learning to Live With It Since We Can't Live Without It*. New York: Simon & Schuster.

Worden, J. William(1991). *Grief Counseling and Grief Therapy: A Handbook for the Mental Health Practitioner*. New York: Springer Publishing Company.

心理與栽培系列最新書目

生活與輔導

書名	作者
情緒傷害的醫治	黃麗彰
誰偷走了我的快樂 —— 應對負面情緒自助手冊	湯國鈞、李靜慧、李智群
邊個想返工 —— 拆解職場新丁 49 道難題	伍詠光、林峰、馮文傑、萬樂人、廖燕萍
下流世代的上流生活	吳渭濱、區祥江
輔導小百科（增訂版）	區祥江
會哭才是真男人	曾立煌、區祥江
我要真關係 —— 在人際中解結與成長	區祥江
無朋友	周偉豪、廖暉清等
勇敢做自己	伍詠光
婚姻，你真的懂？	上官賢恩、蔡元雲等
情難捨 —— 為誰而愛，為何相分？	霍玉蓮
改寫未來的 9 種生存力	區祥江、周偉豪、區穎珩
工，唔係咁打！	伍詠光
幸福的實踐 —— 婚姻輔導解構	黃麗彰
總有一次失戀	馬妙如、區祥江等
化解婚姻中的 13 種危機	區祥江
兒童及青少年心理個案 —— 專家會診及治療	羅健文
戀愛出事的理由	伍詠光
100 分情人必修課	溫淑芳
饒恕果真如此輕易	霍玉蓮等
發現家庭復原力	羅健文
愛在點滴親和間 —— 九型人格親密關係新啟示	霍玉蓮
完美筍工	羅拔・畢拿
論斷太多，判斷太少？	泰利・谷巴
想你唔賭 —— 助人自助戒賭輔導	鄧耀祖、陳佩思等
喜樂工程 —— 以正向心理學打造幸福人生	湯國鈞、姚穎詩、邱敏儀
快樂軌迹 —— 10 個正向心理學的生活智慧	區祥江